Alexander Oerterer

Bilanzierung von Spielervermögen

Alexander Oerterer

Bilanzierung von Spielervermögen

nach Handelsrecht, Steuerrecht und internationalen Rechnungslegungsstandards

VDM Verlag Dr. Müller

Impressum/Imprint (nur für Deutschland/ only for Germany)
Bibliografische Information der Deutschen Nationalbibliothek: Die Deutsche Nationalbibliothek
verzeichnet diese Publikation in der Deutschen Nationalbibliografie; detaillierte bibliografische
Daten sind im Internet über http://dnb.d-nb.de abrufbar.
Alle in diesem Buch genannten Marken und Produktnamen unterliegen warenzeichen-, marken-
oder patentrechtlichem Schutz bzw. sind Warenzeichen oder eingetragene Warenzeichen der
jeweiligen Inhaber. Die Wiedergabe von Marken, Produktnamen, Gebrauchsnamen,
Handelsnamen, Warenbezeichnungen u.s.w. in diesem Werk berechtigt auch ohne besondere
Kennzeichnung nicht zu der Annahme, dass solche Namen im Sinne der Warenzeichen- und
Markenschutzgesetzgebung als frei zu betrachten wären und daher von jedermann benutzt
werden dürften.

Coverbild: www.purestockx.com

Verlag: VDM Verlag Dr. Müller Aktiengesellschaft & Co. KG
Dudweiler Landstr. 99, 66123 Saarbrücken, Deutschland
Telefon +49 681 9100-698, Telefax +49 681 9100-988, Email: info@vdm-verlag.de

Herstellung in Deutschland:
Schaltungsdienst Lange o.H.G., Berlin
Books on Demand GmbH, Norderstedt
Reha GmbH, Saarbrücken
Amazon Distribution GmbH, Leipzig
ISBN: 978-3-639-12122-3

Imprint (only for USA, GB)
Bibliographic information published by the Deutsche Nationalbibliothek: The Deutsche
Nationalbibliothek lists this publication in the Deutsche Nationalbibliografie; detailed
bibliographic data are available in the Internet at http://dnb.d-nb.de.
Any brand names and product names mentioned in this book are subject to trademark, brand or
patent protection and are trademarks or registered trademarks of their respective holders. The use
of brand names, product names, common names, trade names, product descriptions etc. even
without a particular marking in this works is in no way to be construed to mean that such names
may be regarded as unrestricted in respect of trademark and brand protection legislation and
could thus be used by anyone.

Cover image: www.purestockx.com

Publisher:
VDM Verlag Dr. Müller Aktiengesellschaft & Co. KG
Dudweiler Landstr. 99, 66123 Saarbrücken, Germany
Phone +49 681 9100-698, Fax +49 681 9100-988, Email: info@vdm-verlag.de

Copyright © 2009 by the author and VDM Verlag Dr. Müller Aktiengesellschaft & Co. KG and
licensors
All rights reserved. Saarbrücken 2009

Printed in the U.S.A.
Printed in the U.K. by (see last page)
ISBN: 978-3-639-12122-3

Bilanzierung von Spielervermögen nach Handelsrecht, Steuerrecht und internationalen Rechnungslegungsstandards

Inhaltsverzeichnis

Inhaltsverzeichnis 2

Tabellen und Abbildungsverzeichnis 5

    Tabellenverzeichnis 5

    Abbildungsverzeichnis 5

Abkürzungsverzeichnis 6

Management Letter 11

1. Grundlagen 13

    1.1. Problemstellung und Zielsetzung 13

    1.2. Struktur des Lizenzfußballs 15

    1.3. Die Spielgenehmigung als Aktivierungsgegenstand 18

2. Bilanzierung von Spielervermögen in der Handelsbilanz 19

    2.1. Ansatz 19

        2.1.1. Abstrakte Aktivierungsfähigkeit 20

            2.1.1.1. Selbstständige Verwertbarkeit 21

                2.1.1.1.1. Wirtschaftlicher Wert 22

                2.1.1.1.2. Verkehrsfähigkeit 23

                      2.1.1.1.2.1. Auffassung des BFH 23

                      2.1.1.1.2.2. Kritik an der BFH-Auffassung 24

                      2.1.1.1.2.3. Veränderte Rahmenbedingungen 27

                      2.1.1.1.2.4. Zeitliche Begrenzung der Verkehrsfähigkeit 28

                      2.1.1.1.2.5. Insolvenzfall 28

                      2.1.1.1.2.6. Zusammenfassung 29

        2.1.1.2. Bilanzieller Ausweis 30

            2.1.1.2.1. Konzessionsähnliches Recht 30

            2.1.1.2.2. Immaterialität 32

            2.1.1.2.3. Zurechnung zum Anlagevermögen 32

        2.1.2. Konkrete Bilanzierbarkeit 33

            2.2.2.1. Aktivierung als Bilanzierungshilfe 34

            2.2.2.2. Persönliche Zurechnung 34

            2.2.2.3. Entgeltlicher Erwerb 36

2.2.2.4. Bilanzierungspraxis 37
2.2. Bewertung 39
2.2.1. Zugangsbewertung 39
2.2.2. Folgebewertung 42
2.2.2.1. Planmäßige Abschreibung 42
2.2.2.2. Außerplanmäßige Abschreibung 43
2.3. Zwischenfazit 46
3. Bilanzierung von Spielervermögen in der Steuerbilanz 47
3.1. Ansatz 48
3.1.1. Abstrakte Bilanzierungsfähigkeit 48
3.1.1.1. Der weiter gefasste Begriff des Wirtschaftsguts 50
3.1.1.2. Beihilfe zum Lizenzerwerb 53
3.1.2. Konkrete Bilanzierungsfähigkeit 54
3.2. Bewertung 54
3.3. Zwischenfazit 55

4. Bilanzierung nach internationalen Rechnungslegungsgrundsätzen 56
4.1. Ansatz 57
4.1.1 Abstrakte Aktivierungsfähigkeit 58
4.1.2. Konkrete Bilanzierungsfähigkeit 60
4.2. Bewertung 62
4.2.1. Zugangsbewertung 62
4.2.2. Folgebewertung 64
4.2.2.1. Planmäßige Abschreibung 65
4.2.2.2. Außerplanmäßige Abschreibung 66
4.3. Zwischenfazit 69

5. Vergleich der Rechnungslegungskonzeptionen und Fazit 70

Anhang 73

Anhang 1: Lizenzspielerstatut 73
Anhang 2: Jahresabschluss der FC Bayern München AG 2006/2007 75
Anhang 3: Jahresabschluss der Borussia Dortmund GmbH & Co. KGaA ...77
Anhang 4: Bilanzanalyse 78
Anhang 5: Konzernabschluss der FC Bayern München AG 2006/2007 ...81

I. Verzeichnis der Gerichtsentscheidungen 94
II. Verzeichnis der Erlasse, Schreiben und Verfügungen der Finanzverwaltung 94
III. Verzeichnis der sonstigen Quellen 95

Tabellen und Abbildungsverzeichnis

Tabellenverzeichnis

Tabelle 1: Formen des Erwerbs einer Spielgenehmigung 39

Tabelle 2: Handelsrechtliche Bewertung von Anschaffungskosten am Beispiel des Lizenzfußballs 40

Abbildungsverzeichnis

Abbildung 1: Organisationsstruktur im Profifußball 18

Abkürzungsverzeichnis

Aufl.	Auflage
Abschn.	Abschnitt
AG	Aktiengesellschaft
Anm.	Anmerkung
AO	Abgabenordnung
Art.	Artikel
AZR	Aktenzeichen Recht
BAG	Bundesarbeitsgericht
BB	Betriebs-Berater (Zeitschrift)
BBK	Buchführung, Bilanz, Kostenrechnung (Zeitschrift)
BC	Bilanzbuchhalter und Controller (Zeitschrift)
BFH	Bundesfinanzhof
BGB	Bürgerliches Gesetzbuch
BilMoG	Bilanzrechtsmodernisierungsgesetz
BR-Drucks.	Bundesratsdrucksache
BStBl.	Bundessteuerblatt
BT	Bundestag
BT-Drucks.	Bundestagsdrucksache
BVB	Ballsportverein Borussia
cand. rer. pol.	candidatus rerum politicarum
bzgl.	bezüglich
bzw.	beziehungsweise
Co.	Compagnie
d.h.	das heißt
DB	Der Betrieb (Zeitschrift)
DFB	Deutscher Fußball Bund
DFL	Deutsche Fußball Liga
Dr.	Doktor
DStR	Deutsches Steuerrecht (Zeitschrift)
e.V.	eingetragener Verein
eG	eingetragene Genossenschaft
EGV	Vertrag zur Gründung der Europäischen Union

EStB	Der Ertragsteuerberater (Zeitschrift)
EStG	Einkommensteuergesetz
etc.	et cetera
EUGH	Europäischer Gerichtshof
evtl.	eventuell
EWGV	Vertrag zur Gründung der Europäischen Wirtschaftsgemeinschaft
F	Framework
FB	Finanzbetrieb (Zeitschrift)
FC	Fußballclub
ff.	folgende (Paragraphen)
FIFA	Fédération Internationale de Football Association
FinMin.	Finanzministerium
FN-IDW	Fachnachricht des Instituts der Wirtschaftsprüfer in Deutschland e.V.
gem.	gemäß
GG	Grundgesetz
gl. A.	gleicher Ansicht
GmbH	Gesellschaft mit beschränkter Haftung
GoB	Grundsatz/Grundsätze ordnungsmäßiger Buchführung
grds.	grundsätzlich
GrS	Großer Senat
HGB	Handelsgesetzbuch
HGB-E	Handelsgesetzbuch in der Form des Regierungsentwurfs zum BilMoG
HGB-RefE	Handelsgesetzbuch in der Form des Referentenentwurfs zum BilMoG
Hrsg.	Herausgeber
http	hypertext transfer protocol
i.d.R.	in der Regel
i.S.d.	im Sinne der/des
i.V.m.	in Verbindung mit
IAS	International Accounting Standard(s)
IASC	International Accounting Standards Committee

IDW	Institut der Wirtschaftsprüfer in Deutschland e.V.
IFRS	International Financial Reporting Standard(s)
insb.	insbesondere
JBFA	Journal of Business Science & Accounting (Zeitschrift)
JuS	Juristische Schulung (Zeitschrift)
Kap.	Kapitel
KGaA	Kommanditgesellschaft auf Aktien
KoR	Kapitalmarktorientierte Rechnungslegung (Zeitschrift)
KPMG	Klynfeld Peat Marvick Goerdeler
LO	Lizenzierungsordnung
LOS	Lizenzordnung Spieler
LSpSt	Lizenzspielerstatut
Mrd.	Milliarden
Nr.	Nummer(n)
NRW	Nordrhein-Westfalen
NZA	Neue Zeitschrift für Arbeits- und Sozialrecht (Zeitschrift)
o.g.	oben genannte(r/s)
o.V.	ohne Verfasser
OFD	Oberfinanzdirektion
pdf	portable document format
Prof.	Professor
RFH	Reichsfinanzhof
Rn.	Randnummer(n)
Rs.	Rechtssache
RStBl.	Reichssteuerblatt
Rz.	Randziffer(n)
S.	Seite(n)
sog.	sogenannte(r/s)
SpuRt	Sport und Recht (Zeitschrift)
StBp	Die steuerliche Betriebsprüfung (Zeitschrift)
SteuerStud	Steuer und Studium (Zeitschrift)
StuB	Steuern und Bilanzen (Zeitschrift)
StuW	Steuern und Wirtschaft (Zeitschrift)
TSV	Turn- und Sportverein

u.a.	und andere
UEFA	Union des Associations Européens de Football
Univ.	Universität
v.a.	vor allem
vgl.	vergleiche
WiSt	Wirtschaftswissenschaftliches Studium (Zeitschrift)
WISU	Das Wirtschaftsstudium (Zeitschrift)
WPg	Die Wirtschaftsprüfung (Zeitschrift)
www	world wide web
z.B.	zum Beispiel
ZIP	Zeitschrift für Wirtschaftsrecht (Zeitschrift)

Management Letter

Gegenstand der nachfolgenden Untersuchung ist die bilanzielle Behandlung von Spielervermögen der an den deutschen Lizenzligen teilnehmenden Fußballunternehmen. Dabei erstreckt sich die Betrachtung von der Handelsbilanz über die Steuerbilanz bis hin zu einer nach internationalen Rechnungslegungsgrundsätzen erstellten Bilanz. Wegen der mit dieser Thematik oft assoziierten Bilanzierung von Humankapital sowie wegen der uneindeutigen Begrifflichkeit gilt es zunächst den Aktivierungsgegenstand der Untersuchung eindeutig abzugrenzen. Dabei gelangt man zu dem Ergebnis, dass nicht die Spieler selbst der Aktivierungsgegenstand sind, sondern das vom Nationalverband erteilte exklusive Einsatzrecht für den Spieler in den Lizenzligen. Nachdem diese sog. Spielerlaubnis als Aktivierungsgegenstand identifiziert wurde, wird die bilanzielle Behandlung entsprechend der jeweils zu Grunde gelegten Rechnungslegungskonzeption untersucht. Die Vorgehensweise der Untersuchung orientiert sich dabei strikt an der Bilanzierungskonzeption. Dabei soll ein umfassender Überblick von Ansatz, Ausweis und Bewertung der Spielgenehmigung gegeben werden. Hierbei kommt der Frage des Ansatzes besondere Bedeutung zu, da diese als notwendige Grundvoraussetzung für eine weitere bilanzielle Würdigung anzusehen ist. Primäres Ziel ist es daher festzustellen, ob der in der Literatur als Spielervermögen umschriebene Wert die für eine Aktivierung notwendigen Eigenschaften erfüllt und ob bzgl. der betrachteten Rechnungslegungskonzeptionen Unterschiede diesbezüglich bestehen.

In der Handelsbilanz gelangt man zu dem Ergebnis, dass der bilanzielle Ansatz der für den Erwerb der Spielgenehmigung entstandenen Aufwendungen unterbleiben muss, da die Eigenschaften eines Vermögensgegenstands nicht erfüllt werden. Wegen der hiervon abweichenden Vorgehensweise in der Bilanzierungspraxis der Vereine, schließt sich dennoch eine weitergehende Erörterung von Ausweis und Bewertung des Spielervermögens in der Handelsbilanz an.

Hieran anknüpfend wird das Spielervermögen in den Steuerbilanzen der Vereine thematisiert. Nicht zuletzt ist es der obersten Finanzrechtssprechung des BFH zuzuschreiben, dass das Spielervermögen handels- als auch steuerbilanziell in Erscheinung tritt, da die Finanzrechtssprechung den Anspruch erhebt neben dem Begriff des Wirtschaftsguts auch den Begriff des Vermögensgegenstands authentisch zu interpretieren. Prüft man die vom BFH für das Vorliegen eines Wirtschaftsguts als erforderlich angesehenen Voraussetzungen, gelangt man zwar zu dem Ergebnis, dass das Spielervermögen den Anforderungen eines Wirtschaftsguts prinzipiell gerecht wird. Der daraus entstehende Konflikt zwischen Vermögensgegenstand und Wirtschaftsgut muss aber, folgt man dem Maßgeblichkeitsgrundsatz und den Aussagen der Finanzrechtssprechung über die Identität beider Begriffe, zu Gunsten einer Nichtaktivierung des Spielervermögens in der Steuerbilanz gelöst werden.

Somit kann man der Steuerrechtssprechung und der Finanzverwaltung vorwerfen einen entscheidenden Teil zu der derzeitigen Bilanzierungspraxis der Vereine beigetragen zu haben, bei der Nonvaleurs, die eigentlich unmittelbar als Aufwendungen verrechnet werden müssten, in der Form des Spielervermögen Einzug in die Handels- und Steuerbilanzen der Vereine halten.

Anders hingegen stellt sich die Situation bei einer nach IAS/IFRS aufgestellten Bilanz dar. Der weiter gefasste asset-Begriff führt im Ergebnis dazu, dass das Spielervermögen bilanziell berücksichtigt wird. Der Ausweis geschieht nach IAS 38 unter den immateriellen Vermögensgegenständen des Anlagevermögens. Die Bewertung erfolgt dabei maximal zu den (fortgeführten) Anschaffungskosten. Somit scheitert auch nach internationalen Rechnungslegungsstandards die von den Vereinen angestrebte fair value Bilanzierung.

Zusammenfassend muss konstatiert werden, dass der Ansatz von Spielervermögen sowohl in der Handels-, als auch in der Steuerbilanz unterbleiben müsste. Hieran ändert auch das BilMoG nichts. Hingegen kann das Spielervermögen in einer IAS/IFRS-Bilanz bedenkenlos aktiviert werden. Vor diesem Hintergrund ist die von dieser Forderung abweichende Bilanzierungspraxis der Vereine äußerst kritisch zu hinterfragen. Man gelangt schließlich zu der Einschätzung, dass die meisten Lizenzvereine auf die Aktivierung des Spielervermögens angewiesen sind, da ohne diese die Vermögens- Finanz- und Ertragslage verbessernde Maßnahme die Hürden des verbandsrechtlichen Lizenzierungsverfahrens nicht bewältigt werden könnten. Die Interessenlage aller Beteiligten lässt indes eine Änderung der durch die Finanzrechtssprechung beförderten Aktivierung von Spielervermögen in Handels- und Steuerbilanz in weite Ferne rücken, zumal gerade dadurch die internationale Wettbewerbsfähigkeit des deutschen Lizenzfußballs sichergestellt wurde. Blickt man in die Zukunft, erscheint es wahrscheinlich, dass die UEFA mittel- bis langfristig aus Vergleichbarkeitsgründen eine IAS/IFRS-Bilanzierung als Grundlage des Lizenzierungsverfahrens vorschreiben wird. Dies ist insofern zu begrüßen, als hierdurch für den deutschen Lizenzfußball eine internationale Wettbewerbsgleichheit auch ohne die umstrittene Beihilfe der Finanzrechtssprechung erreicht werden kann.

1. Grundlagen
1.1. Problemstellung und Zielsetzung

Durch die Kommerzialisierung des Fußballsports rücken zunehmend auch rechtliche Fragen in den Mittelpunkt der Betrachtung. Dabei kommt der Bilanzierung auch im Profifußball eine große Bedeutung zu. Hinweis darauf sind einerseits die exorbitanten Umsatzerlöse im deutschen Profifußball, welche es gerechtfertigt erscheinen lassen in diesem Zusammenhang von einer eigenen Unterhaltungsindustrie zu sprechen.[1] Hierbei bewegt man sich in Größenordnungen bei denen eine Bilanzierung unerlässlich erscheint und die manch börsennotiertes Unternehmen in den Schatten stellen. Andererseits ist die Bilanzierung für die Vereine[2] Mittel zum Zweck. Denn das Ligastatut, dem sich die Vereine freiwillig unterwerfen, schreibt die Bilanzierung zwingend vor[3] um die wirtschaftliche Leistungsfähigkeit der Vereine zu überprüfen.[4]

Vor diesem Hintergrund sind die Spieler mittlerweile nicht nur wegen ihrer sportlichen Leistungsfähigkeit für die Vereine von immenser Bedeutung. Denn durch immer weiter ansteigende Transferentschädigungen in Verbindung mit der durch den BFH begründeten Aktivierungspflicht für Handels- als auch Steuerbilanz,[5] hat sich das *Spielervermögen* zu einer der *zentralen Bilanzpositionen* entwickelt.[6] Und genau darin liegt das Problem. Denn so *wesentlich die Bedeutung* des Spielervermögens in der *Bilanzierungspraxis* der Vereine auch sein mag, so *unterschiedlich* sind die *Standpunkte in der Literatur* diesbezüglich. Daher gilt es vorrangig zu klären, ob das Spielervermögen aktiviert werden sollte. Unabhängig von der Beantwortung dieser Frage soll gezeigt werden, wie das Spielervermögen tatsächlich in der Bilanzierungspraxis der Vereine behandelt wird.

Dabei wird das Spielervermögen in allen für die Bundesligavereine relevanten Rechnungslegungskonzeptionen betrachtet. Auf Grund des Maßgeblichkeitsprinzips beginnend mit der Handelsbilanz, über die Steuerbilanz, bis hin zu einer nach IAS/IFRS aufgestellten Bilanz, die allerdings momentan für die Bundesligavereine noch von untergeordneter Be-

---

[1] So sind in der Saison 2006/2007 im deutschen Lizenzfußball 1,75 Mrd. Euro umgesetzt worden, vgl. DFL, Bundesliga Report 2008, S. 3 (31.10.2008).
[2] Zwar werden die meisten Fußballunternehmen mittlerweile in der Rechtsform einer Kapitalgesellschaft geführt, doch wird aus Vereinfachungsgründen nachfolgend von „Vereinen" gesprochen. Auf eine Differenzierung nach der Rechtsform wird verzichtet, da dieses Vorgehen hinsichtlich der Bilanzierungsproblematik keinen Vorteil hätte.
[3] Vgl. DFL, LO, § 8 Nr. 1, S. 14 (31.10.2008) i.V.m. DFL, Anhang VII zur LO, S. 1 (31.10.2008).
[4] Vgl. Eggerstedt, L. T., Lizenzverträge, 2008, S. 41-42.
[5] Vgl. BFH vom 26.8.1992, BStBl. 1992 II, S. 977.
[6] Vgl. Eggerstedt, L. T., Lizenzverträge, 2008, S. 44.

deutung ist. Die Vorgehensweise besteht darin das Spielervermögen auf sämtliche Kriterien bezgl. Ansatz, Ausweis und Bewertung hin zu untersuchen. Dabei wird hinsichtlich des zu Grunde zu legenden Rechtsstandes antizipiert, dass das BilMoG[7] in der Form des Regierungsentwurfs[8] in Kraft treten wird.[9] Die Untergliederung des Ansatzes erfolgt dem Gesetzeswortlaut entsprechend nach abstrakter- und konkreter Aktivierungsfähigkeit. Die Bewertung ist ihrerseits in Zugangs- und Folgebewertung unterteilt. Der bilanzielle Ausweis wird abhängig von der zugrunde gelegten Rechnungslegungskonzeption an unterschiedlichen Stellen behandelt. Wie durch das nachfolgende Zitat deutlich wird, kommt in diesem Zusammenhang der *abstrakten Aktivierungsfähigkeit besonders große Bedeutung* zu: „… denn die Aktivierungsentscheidung beeinflusst die Gewinnermittlung und damit das Bilanzergebnis in viel stärkerem Maße als die Bewertung oder die Frage nach dem Zeitpunkt des Bilanzansatzes. Es kann keine Rede davon sein, dass das Vorliegen eines Vermögensgegenstands ein `objektiver Sachverhalt´, d.h. eine dem Gegenstand immanente Eigenschaft sei….Die Bestimmung der Aktivierungsfähigkeit ist also nicht a priori festgelegt, sondern ein Entscheidungsproblem…".[10] Hinsichtlich des entgeltlich erworbenen Spielervermögens löste der BFH dieses Problem durch sein Urteil vom 26.8.1992 zu Gunsten einer Aktivierung. Trotz heftiger Kritik in der Literatur orientiert sich das Ligastatut noch immer an diesem Urteil,[11] wodurch es gleichsam den Vereinen als Legitimation für die Aktivierung ihres Spielervermögens dient. Insbesondere soll bei der Prüfung der abstrakten Bilanzierungsfähigkeit in Handels- und Steuerbilanz der Kritik *Parensens* nachgegangen werden, wonach der BFH nur zu einer Aktivierungsfähigkeit des Spielervermögens gelangt, weil er mit einem dynamisch geprägten und daher weit gefassten Wirtschaftsgutbegriff argumentiert, der einer statischen Interpretation des Vermögensgegenstandsbegriffs nicht standhält.[12] Da ein Jahresabschluss im Wesentlichen vom Zieldualismus[13] von Informationsvermittlung und Erfolgsermittlung geprägt ist, stellt sich die Frage inwiefern durch eine Aktivierung des Spielervermögens diesen Jahresabschlusszwecken entsprochen werden kann. Auch muss bei der Frage, ob das BFH-Urteil vom

---

[7] Sofern das BilMoG Änderungen vorsieht, werden diese durch die Ergänzung „-E" gekennzeichnet. Gegenstand der folgenden Darstellungen ist der Regierungsentwurf. Auf etwaige Änderungen zum Referentenentwurf wird nur dann eingegangen, wenn dies zum Verständnis der getroffenen Aussagen als notwendig erachtet wird.
[8] Vgl. BT-Drucks. 16/10067 vom 30.7.2008.
[9] Allerdings wird sich voraussichtlich das Inkrafttreten des BilMoG auf Grund der Turbulenzen an den Finanzmärkten deutlich verzögern, vgl. BT-Drucks. 16/10762 vom 30.10.2008, S. 7.
[10] Lamers, A., Aktivierungsfähigkeit, 1981, S. 104.
[11] Vgl. Brast, C./Stübinger, T., Sportmanagement, 2005, S. 30-31; DFL, Anhang VII b zur LO, S. 10 (31.10.2008).
[12] Vgl. Parensen, A., Transferentschädigungen, 2003, S. 172.
[13] Vgl. Moxter, A., Bilanzrechtsprechung, 2007, S. 2-3.

26.8.1992 heutzutage zu Recht als Legitimation einer Aktivierung des Spielervermögens herangezogen wird, der Umstand berücksichtigt werden, dass sich die Rahmenbedingungen im Lizenzfußball seit diesem Urteil grundlegend verändert haben[14] und sich durch das BilMoG weiterhin verändern werden.

Bevor man allerdings das Spielervermögen auf die Kriterien einer Bilanzierung hin untersuchen kann, gilt es zunächst zu klären, *was* eigentlich *bilanziert werden soll*. Denn der Begriff Spielervermögen wird in der Literatur keineswegs einheitlich verwendet. Ebenso lassen sich Begriffe wie Spielerwert, Spielgenehmigung, Spielerlizenz, Transferentschädigung oder Ablösesumme finden,[15] die letztlich alle auf denselben Aktivierungsgegenstand abzielen. Wagt man einen Blick in den Anhang eines Jahresabschlusses eines Fußballvereins, so findet man die Fußballprofis sogar namentlich genannt im Anlagenspiegel.[16] Dadurch könnte sich all zu schnell der Eindruck aufdrängen, dass im Fußballsport Humankapital in Form der Spieler selbst bilanziert werden würde.[17] Deshalb gilt es zunächst den Aktivierungsgegenstand Spielervermögen klar abzugrenzen um nachfolgend eine eindeutige Untersuchung der Bilanzierbarkeit zu gewährleisten. Hierfür sind wiederum einige Grundkenntnisse bzgl. des Aufbaus des Lizenzfußballs von Nöten.

1.2. Struktur des Lizenzfußballs

Diese für die weitere Diskussion notwendigen Grundkenntnisse werden nachfolgend vermittelt. Die professionelle Ausübung des Fußballsports erfolgt wie in anderen Sportarten nach dem Ein-Platz-Prinzip, welches dem Spitzenverband eine Monopolstellung zubilligt.[18] An der Spitze dieses pyramidenförmigen Konstrukts der Fachsparte Fußball steht der Dachverband *DFB e.V.*. Dessen Organisation wird auch als sog. „zwei Säulen Modell" bezeichnet.[19] Diese zwei Säulen bilden der Amateurfußball und der Profifußball. Der Profifußball in Deutschland wird in Form von drei Lizenzligen, der Bundesliga, der 2. Bundesliga sowie der 3. Bundesliga betrieben und wird daher auch als Lizenzfußball bezeich-

---

[14] So hat primär das sog. *Bosman-Urteil* des EUGH, vgl. EUGH vom 15.12.1995, DB 1996, S. 98, dazu geführt, dass die bis dahin für einen Spielerwechsel vorgeschriebene Zahlung einer Ablösesumme aus dem Ligastatut gestrichen wurde.
[15] Die Entstehung dieser seltsam anmutenden Begriffe liegt in der ethischen Brisanz der Aktivierung von Humankapital begründet, vgl. Hoffmann, W.-D., BC 2006, S. 130; Lüdenbach, N./Hoffmann, W.-D., DB 2004, S. 1442.
[16] Vgl. DFL, Anhang VII b zur LO, S. 10 (31.10.2008).
[17] Vgl. Steiner, E./Gross, B., StuB 2005, S. 531.
[18] Vgl. Arens, W., SpuRt 1994, S. 179; Oberthür, N., Transfersystem, 2002, S. 13.
[19] Vgl. Holzhäuser, F., SpuRt 2004, S. 146.

net.[20] Die Organisation der Lizenzligen obliegt der *DFL GmbH* die als Durchführungsgesellschaft[21] 100-prozentige Tochter des *Die Liga Fußball-Verband e.V.*, kurz *Ligaverbands*, ist.

Für eine bilanzielle Betrachtung ausreichend ist die Untersuchung der Verhältnisse zwischen DFL,[22] Fußballspielern und Vereinen. Diese wechselseitigen Beziehungen stellen die Rahmenbedingungen auf dem Arbeitsmarkt für Fußballspieler dar. Als Grundvoraussetzung um am Spielbetrieb der Lizenzligen teilnehmen zu dürfen, müssen sich die Vereine alljährlich[23] dem sog. Lizenzierungsverfahren des Ligaverbands unterwerfen.[24] Dieses Verfahren ist in der *Lizenzierungsordnung* verbandsrechtlich geregelt. Dabei dient die Lizenz v.a. dem Zweck die wirtschaftliche Leistungsfähigkeit der Vereine sicherzustellen und dadurch zu gewährleisten, dass finanzielle Schieflagen einen reibungslosen Ablauf des sportlichen Wettbewerbs nicht gefährden.[25] Insbesondere verpflichtet das Lizenzierungsverfahren die Lizenzbewerber dazu, die für Kapitalgesellschaften verbindlichen Vorschriften der „§§ 264 bis 289 i.V.m. §§ 242 ff. HGB sowie der §§ 317, 321 bis 323 HGB"[26] einzuhalten. Somit ist jeder Verein, der mit seiner Mannschaft am Spielbetrieb teilnehmen möchte zur Aufstellung einer Bilanz, einer Gewinn- und Verlustrechung sowie eines Anhangs durch die Lizenzierungsordnung verpflichtet.[27] Diese Rechnungslegungsunterlagen der Vereine werden durch verbandsrechtliche Vorgaben der Lizenzierungsordnung an die Besonderheiten des Profifußballs angepasst, wodurch es zu einer geringen Abweichung zu den handelsrechtlichen Vorgaben kommt.[28]

Die Beziehung zwischen den Vereinen und ihren Fußballprofis besteht aus rechtlicher Sicht aus einem *Arbeitsvertrag* und nicht etwa wie im Amateursport auf mitgliedschaftlicher Basis.[29] Dieser ist bereits auf Grund der Tatsache, dass Profisport nur eine begrenzte

---

[20] Die zur Saison 2008/2009 neu gegründete 3. Bundesliga wird nachfolgend für die bilanzielle Betrachtung aus Vergleichbarkeitsgründen außen vor gelassen.
[21] Vgl. Holzhäuser, F., SpuRt 2004, S. 144.
[22] Nachfolgend wird aus Vereinfachungsgründen auf eine Differenzierung zwischen dem Ligaverband und dessen Durchführungsgesellschaft, der DFL, verzichtet.
[23] Die Lizenz der Vereine zur Teilnahme am Spielbetrieb der Lizenzligen ist auf eine Spielzeit begrenzt und erlischt nach deren Ablauf automatisch, vgl. DFL, LO, § 1 Nr. 4, S. 4 (31.10.2008).
[24] Zum detaillierten Ablauf des Lizenzierungsverfahrens, vgl. Schmidt, M., Lizenzierungsverfahren, 2004, S. 49-55.
[25] Vgl. Eggerstedt, L. T., Lizenzverträge, 2008, S. 25-26.
[26] DFL, LO, § 8 Nr. 1, S. 14 (31.10.2008) i.V.m. DFL, Anhang VII zur LO, S. 1 (31.10.2008).
[27] Vgl. DFL, LO, § 8 Nr. 1 a)-c), S. 14 (31.10.2008).
[28] Hinsichtlich fußballspezifischer Posten, vgl. Ellrott, H./Galli, A., WPg 2000, S. 272; Galli, A., WPg 1998, S. 58-60; Graumann, M./Maier, T., BBK 2004, S. 1136-1140.
[29] Vgl. Maier, F., Organisation, 1995, S. 25.

Zeit ausgeübt werden kann *befristet*.[30] Arbeitsrechtlich besteht nach herrschender Auffassung hierdurch ein Sachgrund,[31] welcher eine längere als zweijährige Befristung rechtfertigt. Dabei soll die Vertragslaufzeit fünf Jahre nicht übersteigen.[32] Da es sich um einen befristeten Vertrag handelt, kann dieser während der Vertragslaufzeit *nicht ordentlich gekündigt werden*.[33] Eine Beendigung des Arbeitsvertrags ist somit nur auf zweierlei Weise möglich. Zum einen durch eine außerordentliche Kündigung, welche allerdings einen wichtigen Grund voraussetzt.[34] Zum anderen ist die einvernehmliche Aufhebung des Arbeitsvertrages durch beide Parteien denkbar.[35] Hierzu macht der Verein sein Einverständnis i.d.R. von der Zahlung Ablösesumme abhängig. Denn wie bereits auf Grund sportlicher Gründen leicht nachvollziehbar ist, darf ein Spieler immer nur bei einem Verein unter Vertrag stehen.[36]

Dieser Arbeitsvertrag ist gleichsam auch Voraussetzung für die Erteilung einer *Spielgenehmigung* durch den Ligaverband an den jeweiligen Spieler.[37] Die Beziehung zwischen diesen beiden Parteien wird verbandsrechtlich in der *Lizenzordnung Spieler (LOS)* geregelt. Diese Spielgenehmigung des Ligaverbands für den einzelnen Spieler wird auch als *Spielerlaubnis* oder *Spielerlizenz* bezeichnet. Das hieraus resultierende Vertragsverhältnis ist allerdings kein Arbeitsverhältnis.[38] Im Gegensatz zu der befristeten Lizenz,[39] die der Verein von der DFL erhält, wird die Spielerlaubnis *unbefristet* erteilt[40] und ist neben anderen Voraussetzungen[41] im Wesentlichen vom Bestehen eines gültigen Arbeitsvertrags zwischen einem Lizenzverein und dem jeweiligen Spieler abhängig. Die Spielgenehmigung eines Spielers kann analog zu den Regelungen bzgl. dessen Arbeitsvertrags ebenso immer nur für einen Verein ausgestellt werden.[42] Damit ist sie sowohl vereins-, als auch spielerbezogen. Diese Spielerlaubnis erlischt, sobald die Voraussetzungen für deren Erteilung weggefallen sind,[43] also automatisch nach Ablauf des befristeten Arbeitsvertrags,

---

[30] Vgl. Schmückle, C., Bilanzierung Profifußball, 2008, S. 76.
[31] Vgl. Klingmüller, A./Wichert, J., SpuRt 2001, S. 2.
[32] DFL, LOS, § 5 Nr. 1, S. 8 (31.10.2008).
[33] Bohnau, M., Vereinswechsel, 2003, S. 75.
[34] Hierauf soll indes nicht näher eingegangen werden. Nur soviel: Die Möglichkeit eines Vertragsschlusses mit einem neuen Verein stellt keinen wichtigen Grund dar, vgl. Klingmüller, A./Wichert, J., SpuRt 2001, S. 2.
[35] Dies erfolgt sodann durch einen sog. Aufhebungsvertrag.
[36] Vgl. DFL, LOS, § 5 Nr. 8, S. 10 (31.10.2008).
[37] Vgl. DFL, LOS, § 2 Nr. 1, S. 4 i.V.m. Anhang I, S. 30 (31.10.2008).
[38] Vgl. Schmückle, C., Bilanzierung Profifußball, 2008, S. 49.
[39] Die Befristung erfolgt auf die Saison, vgl. DFL, LO, § 10 Nr. 1, S. 20 (31.10.2008).
[40] Vgl. DFL, LOS, § 1, S. 4 (31.10.2008).
[41] Vgl. DFL, LOS, § 2, S. 4 (31.10.2008).
[42] Vgl. DFL, LOS, § 2 Nr. 2, S. 4 i.V.m. § 5 Nr. 8, S. 10 (31.10.2008)
[43] Vgl. DFL, LOS, § 3 Nr. 2 a), S. 5 (31.10.2008).

bzw. bei einer vorzeitigen in beidseitigem Einvernehmen stattfindenden Auflösung des Arbeitsvertrags.

Die verbandsrechtlichen Beziehungen zwischen dem Ligaverband und dem Verein, sowie dem Ligaverband und dem einzelnen Spieler einerseits, und die arbeitsrechtliche Beziehung zwischen dem Verein und dem Spieler andererseits sind für die Diskussion über die Bilanzierungsfähigkeit von Spielervermögen von entscheidender Bedeutung. Die folgende Abbildung fast noch einmal dieses soeben beschriebene sog. Dreiecksverhältnis[44] zusammen.

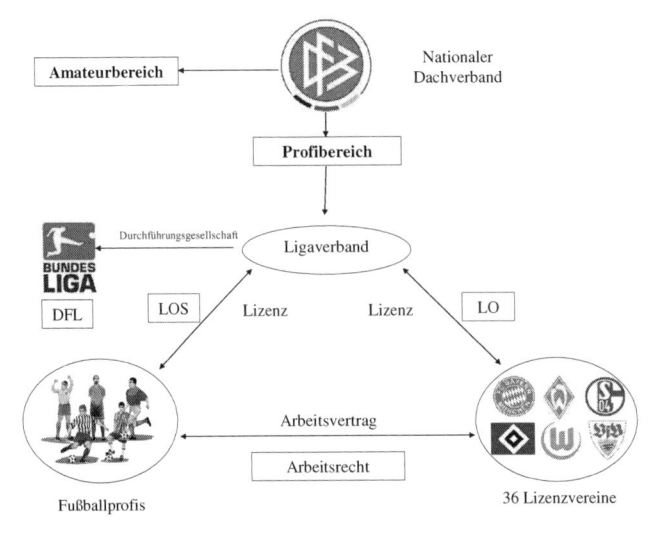

Abbildung 1: Organisationsstruktur im Profifußball

1.3. Die Spielgenehmigung als Aktivierungsgegenstand

Aufbauend auf der Organisationsstruktur im Profifußball muss zunächst der Gegenstand der Aktivierung, also das Spielervermögen, näher konkretisiert werden. Im Profifußball wird keineswegs Humankapital, i.S.d. Spieler selbst, bilanziert, da dies den Menschen von einem Rechtssubjekt zu einem bloßen Rechtsobjekt degradieren würde[45] und daher nicht mit der verfassungsmäßig gesicherten Würde des Menschen vereinbar wäre (Art. 1 I GG). Daher kommt wie in *Abbildung 1* zu erkennen lediglich eine Bilanzierung der mit ihnen verbundenen Rechtsverhältnisse in Betracht. Ohne die Bilanzierungsfähigkeit von Arbeitsverhältnissen näher untersuchen zu wollen, sei an dieser Stelle erwähnt, dass deren

---

[44] Vgl. Bohnau, M., Vereinswechsel, 2003, S. 65; Maier, F., Organisation, 1995, S. 19.
[45] Vgl. Risse, H., BB 1981, S. 647.

Aktivierbarkeit an der Verwertbarkeit scheitert,[46] da sich Leistung und Gegenleistung ausgeglichen gegenüberstehen.[47] Damit kommt als *Aktivierungsgegenstand* lediglich die *Spielgenehmigung*[48] für den jeweiligen Lizenzspieler in Frage. Diese Lizenz wird nachfolgend auf ihre bilanzielle Behandlung in der Handelsbilanz, der Steuerbilanz und einer nach IAS/IFRS aufgestellten Bilanz untersucht.

2. Bilanzierung von Spielervermögen in der Handelsbilanz

Die Lizenzvereine unterliegen bereits auf Grund lizenzrechtlicher Vorgaben des Ligaverbandes einer *handelsrechtlichen Bilanzierungspflicht* um mit einem Fußballteam am Wettbewerb der Lizenzligen teilnehmen zu können. Deshalb kann auf eine weitere rechtsformabhängige Untersuchung der Bilanzierungspflicht verzichtet werden.[49] Die Tatsache, dass Vereine horrende Summen für den „Erwerb von Spielern"[50] aufwenden, jedoch über wenig An- bzw. Umlaufvermögen verfügen, macht die Aktivierung von Spielervermögen zu einem wichtigen Vehikel um eine drohende Überschuldung und die damit zusammenhängende Lizenzverweigerung für den Spielbetrieb zu umgehen.[51] Diese seit langem praktizierte Vorgehensweise wurde durch die BFH-Entscheidung vom 26.8.1992 abgesegnet. Und dadurch, dass nach Ligastatut im Anlagenspiegel „Spielerwerte" aufzuführen sind,[52] erscheint die Aktivierung des Spielervermögens auch legitim. Allerdings ist derzeit keine einheitliche Vorgehensweise bzgl. der bilanziellen Behandlung des Spielervermögens erkennbar, was v.a. der in der Literatur geäußerten Bedenken an der Aktivierbarkeit des Spielervermögens geschuldet wird. Diesen Bedenken wird in der nachfolgenden Ansatzdiskussion nachgegangen.

2.1. Ansatz

Da die Vereine ihr Vermögen den Schulden gegenüberstellen müssen (§ 242 I HGB), stellt sich die Frage, ob hierbei das Spielervermögen bilanziell zum Ansatz kommt. Eine Unter-

---

[46] Vgl. Hüttemann, R., DStR 1994, S. 492.
[47] Somit fehlt es dem Arbeitsvertrag an einem Wert, der einzeln bewertbar und im Rahmen einer Veräußerung in Geld transformierbar wäre. Die abstrakte Bilanzierungsfähigkeit ist daher abzulehnen, vgl. BFH vom 7.11.1985, BStBl. 1986 II, S. 176 (S. 178).
[48] Im weiteren Verlauf der Arbeit steht der Begriff *Spielervermögen* repräsentativ für die Spielgenehmigung, also die Lizenz, die der jeweilige Spieler benötigt um am Wettbewerb in den Profiligen teilnehmen zu dürfen.
[49] Denn durch die lizenzrechtlichen Regelungen der DFL werden die grundlegenden Defizite zu den Anforderungen der Rechnungslegung der als e.V. geführten Fußballunternehmen kompensiert, vgl. Galli, A., Berufsfußball, 1997, S. 131-132.
[50] Dieser Terminus ist natürlich nicht wörtlich zu verstehen, da Menschen nicht Gegenstand von Rechtsgeschäften sein können, vgl. Lüdenbach, N./Hoffmann, W.-D., DB 2004, S. 1442.
[51] Vgl. Hoffmann, W.-D., BC 2006, S. 130.
[52] Vgl. DFL, Anhang VII b zur LO, S. 10 (31.10.2008).

19

teilung der Ansatzdiskussion in abstrakte- und konkrete Aktivierungsfähigkeit erscheint zweckmäßig, da diese Unterteilung auch im Wortlaut des § 246 I Satz 1 HGB-E deutlich wird.[53] Danach kommt es immer dann zu einer Aktivierung, wenn einerseits die abstrakte Aktivierungsfähigkeit vorliegt, und andererseits keine gesetzlichen Vorschriften einer Aktivierung im Einzelfall entgegenstehen.[54]

2.1.1. Abstrakte Aktivierungsfähigkeit

Die Frage nach der abstrakten Aktivierungsfähigkeit kann mit der Entscheidung über das Vorliegen eines *Vermögensgegenstands* gleichgesetzt werden.[55] Da der Gesetzgeber nicht explizit klärt, was als Vermögensgegenstand anzusehen ist, bleibt die Bestimmung der abstrakten Aktivierungsfähigkeit den GoB überlassen.[56] Diese werden ihrerseits insbesondere durch die Jahresabschlusszwecke konkretisiert. Die handelsbilanzielle Aktivierungskonzeption knüpft an die statisch geprägte Überlegung des Schuldendeckungspotentials als wesentliche Eigenschaft eines Vermögensgegenstands an.[57] Somit muss ein Vermögensgegenstand gegenüber Dritten in Geld transformiert werden können um einen Beitrag zur Schuldendeckung zu leisten.[58] Auf Grund ihrer zentralen Bedeutung innerhalb der Diskussion über die bilanzielle Behandlung von Spielervermögen entwickelte sich die Frage der abstrakten Bilanzierungsfähigkeit zum höchst kontrovers diskutierten Thema,[59] bei dem die Standpunkte nach über 30 Jahren Diskussion[60] immer noch verhärtet zu sein scheinen. Während die Befürworter einer Aktivierung von einem durch die dynamische Bilanztheorie geprägten steuerlichen Blickwinkel mit dem Begriff des Wirtschaftsguts argumentieren und damit die periodengerechte Erfolgsermittlung[61] in den Vordergrund rücken, argumentieren die Gegner einer Aktivierung mit dem statisch geprägten Vermögensgegenstandsbegriff des Handelsrechts, der in erster Linie auf die Gläubigerschutzfunktion und die damit verbundene Kapitalerhaltung abzielt. Bereits die Tatsache, dass beide Seiten zu unterschiedlichen Ergebnissen gelangen, lässt Zweifel an der Identität zwi-

---

[53] Vgl. Baetge, J./Kirsch, H.-J./Thiele, S., Bilanzen, 2007, S. 158.
[54] Vgl. Baetge, J./Kirsch, H.-J./Thiele, S., Bilanzen, 2007, S. 166.
[55] Vgl. Freericks, W., Bilanzierungsfähigkeit, 1976, S. 141, 220.
[56] Vgl. Lamers, A., Aktivierungsfähigkeit, 1981, S. 102.
[57] Vgl. Baetge, J./Kirsch, H.-J./Thiele, S., Bilanzen, 2007, S. 160; BT-Drucks. 16/10067 vom 30.7.2008, S. 47.
[58] Vgl. Baetge, J./Kirsch, H.-J./Thiele, S., Bilanzen, 2007, S. 160; Lamers, A., Aktivierungsfähigkeit, 1981, S. 184.
[59] Vgl. Ebel, M./Klimmer, C. (Hrsg.), Fußball-Profis, 2003, S. 252.
[60] Die Diskussion entstand durch den Erlass des Finanzministeriums NRW vom 26.7.1974, vgl. DB 1974, S. 2085, welcher den Vereinen ein Wahlrecht zur Aktivierung von entgeltlich erworbenen Spielervermögen einräumte. Somit ist die Diskussion über die Aktivierbarkeit von Spielervermögen beinahe so alt wie die Bundesliga selbst.
[61] Vgl. Baetge, J./Kirsch, H.-J./Thiele, S., Bilanzen, 2007, S. 158.

schen Vermögensgegenstand und Wirtschaftsgut aufkommen.[62] Auch der BFH sprach in seiner Urteilsbegründung sowohl von einem Wirtschaftsgut als auch von einem Vermögensgegenstand.[63] Diese Konstruktion der Identität beider Begriffe ist die Grundlage, die zu einer positiven Entscheidung hinsichtlich der abstrakten Bilanzierungsfähigkeit in der Handelsbilanz führt.[64]

2.1.1.1. Selbstständige Verwertbarkeit

Im älteren Schrifttum wird im Rahmen der selbstständigen Verkehrsfähigkeit i.S.d. Einzelverkehrsfähigkeit[65] die Einzelveräußerbarkeit als entscheidendes Kriterium für das Vorliegen eines Vermögensgegenstands und somit für die Erfüllung des Aktivierungsgrundsatzes angesehen.[66] Da dieses Kriterium hinsichtlich immaterieller Vermögensgegenstände zu eng gefasst ist,[67] bedurfte es eines umfassenderen Kriteriums, welches auch die Existenz von wirtschaftlich verwertbarem Potential in das Kalkül mit einbezieht.[68] Ein solches bildet nach heutiger Rechtsauffassung die *selbstständige Verwertbarkeit* gegenüber Dritten.[69] Diesem Kriterium entsprechend muss eine Sache, ein Recht oder ein wirtschaftlicher Wert verwertet werden können um einen Vermögensgegenstand i.S.d. handelsrechtlichen Aktivierungskonzeption darzustellen.[70] Daher gilt es nachfolgend zu überprüfen, ob eine selbstständige Verwertbarkeit der Spielerlaubnis gegenüber Dritten gegeben ist. Da in der der Diskussion zu Grunde liegenden BFH-Entscheidung die Verkehrsfähigkeit und nicht etwa die Verwertbarkeit als zentrale Eigenschaft des Vermögensgegenstands eingeschätzt wird, erscheint es zweckmäßig vorab zu klären, ob die Spielerlaubnis überhaupt einen wirtschaftlichen Wert[71] für den Verein darstellt.[72]

---

[62] Hierauf wird im Rahmen der steuerlichen Ansatzkonzeption näher eingegangen, vgl. Gliederungspunkt *3.1.1.1. Der weiter gefasste Begriff des Wirtschaftsguts*.
[63] Vgl. BFH vom 26.8.1992, BStBl. 1992 II, S. 977.
[64] Vgl. Parensen, A., Transferentschädigungen, 2003, S. 172.
[65] Vgl. Freericks, W., Bilanzierungsfähigkeit, 1976, S. 142.
[66] Vgl. Küting, K./Weber, C.-P., Rechnungslegung, 2002, Kap. IV Rn. 92.
[67] So umfasst der Bilanzposten A.I.1. nach § 266 II HGB immaterielle Vermögensgegenstände, die nicht einzeln veräußerbar sind nach herrschender Auffassung jedoch aktiviert werden müssen, vgl. BFH vom 26.2.1975, BStBl. 1976 II, S. 13 (S. 14); Küting, K./Weber, C.-P., Rechnungslegung, 2002, Kap. IV Rn. 95.
[68] Vgl. Küting, K./Weber, C.-P., Rechnungslegung, 2002, Kap. IV Rn. 96.
[69] Vgl. Baetge, J./Kirsch, H.-J./Thiele, S., Bilanzen, 2007, S. 163, 165; BR-Drucks. 344/08 vom 23.5.2008, S. 107; Küting. K./Ellmann, D., Vermögen, 2008, S. 249; Lamers, A., Aktivierungsfähigkeit, 1981, S. 205-216.
[70] Die *Verwertbarkeit* umfasst zwar auch die Veräußerung, setzt diese jedoch nicht zwingend voraus. So kann eine Verwertung auch durch Zession, entgeltliche Nutzungsüberlassung oder *bedingten Verzich*t stattfinden, vgl. Küting, K./Weber, C.-P., Rechnungslegung, 2002, Kap. IV Rn. 96.
[71] Vgl. Pfeiffer, T., StuW 1984, S. 333-334.
[72] Das Kriterium der Verwertbarkeit der Spielerlaubnis impliziert bereits, dass dieser ein eigenständiger Wert zugerechnet werden kann. Daher wird teilweise das Merkmal des wirtschaftlichen

2.1.1.1.1.1. Wirtschaftlicher Wert

Dass der Fußballspieler der entscheidende Wertfaktor für einen Fußballverein ist, steht außer Frage.[73] Zu untersuchen ist allerdings, ob auch die Spielerlaubnis als Aktivierungsgegenstand einem Verein einen über den Abschlussstichtag hinausgehenden Nutzen und damit einen wirtschaftlichen Wert begründet.[74] Die Tatsache, dass Vereine für den Kauf von Spielern horrende Summen aufwenden, kann zwar als Indiz für einen wirtschaftlichen Wert gesehen werden,[75] reicht jedoch nicht aus um einen Wert der Spielgenehmigung selbst zu begründen, zumal nicht alle Spielgenehmigungen entgeltlich erworben werden. Vielmehr ist es jedoch das Ligastatut, welches einen wirtschaftlichen Wert der Spielgenehmigung konstituiert. Denn dort wird sichergestellt, dass ein Spieler nur die Spielgenehmigung für *einen* Verein erteilt bekommt.[76] Hierdurch sichert sich der Verein ein *exklusives Einsatzrecht*[77] für den Spieler in den Lizenzligen[78] und kann dadurch andere Vereine von der Nutzung ausschließen. Somit kann die Spielgenehmigung zum obersten Vereinsziel, dem sportlichen Erfolg[79] beitragen. Ein Beitrag zum wirtschaftlichen Erfolg, der aus Vereinssicht wichtigsten Nebenbedingung,[80] ist darüber hinaus auch denkbar, da bei Interesse eines anderen Vereins der Verzicht auf die Spielerlaubnis bzw. die vorzeitige Beendigung des Arbeitsvertrags von der Zahlung einer Transferentschädigung abhängig gemacht werden kann. Diese Möglichkeiten werden nicht bereits durch den Arbeitsvertrag erworben, sondern erst durch das Ligastatut begründet.[81] Dies spiegelt sich auch im Vertrag zwischen Lizenzspieler und Ligaverband wieder.[82] Somit liefert die Spielgenehmigung dem Verein ein zusätzliches Recht, das nicht bereits aus dem Abschluss des Arbeitsvertrags mit dem Spieler resultiert.[83] Der wirtschaftliche Wert, den die Spielgenehmigung für den Verein hat, ist somit nachgewiesen.

Werts als verzichtbar angesehen, vgl. Tiedchen, S., Vermögensgegenstand, 1991, S. 66. Nachfolgend wird allerdings ein anderer Weg eingeschlagen um den Wert zu verdeutlichen, der einer Spielerlaubnis zukommt.

[73] Vgl. Hoffmann, W.-D., BC 2006, S. 130.
[74] Vgl. Freericks, W., Bilanzierungsfähigkeit, 1976, S. 145-146.
[75] Vgl. BFH vom 15.4.1958, BStBl. 1958 III, S. 260 (S. 260).
[76] Vgl. DFL, LOS, § 2 Nr. 2, S. 4 i.V.m. § 5 Nr. 8, S. 10 (31.10.2008).
[77] Vgl. Parensen, A., Transferentschädigungen, 2003, S. 182.
[78] Und darüber hinaus weltweit im organisierten Fußball, vgl. FIFA, Status, Art. 5 Nr. 1-2, S. 5 (31.10.2008).
[79] Die Besonderheit von Fußballunternehmen ist, dass der sportliche Erfolg als oberstes Ziel neben die Gewinnmaximierung tritt, vgl. Korthals, J. P., Fußballunternehmen, 2005, S. 16.
[80] Denn im Lizenzierungsverfahren wird der Verein im Wesentlichen auf seine wirtschaftliche Leistungsfähigkeit hin untersucht, vgl. Schmidt, M., Lizenzierungsverfahren, 2004, S. 47, wodurch langfristig wirtschaftlicher Erfolg unerlässlich ist.
[81] Denn letztlich geht es darum, dass der Spieler für den Verein innerhalb des reglementierten Wettbewerbs der Lizenzligen tätig wird, wofür eine Spielgenehmigung erforderlich ist.
[82] Vgl. DFL, LOS, Anhang I § 1, S. 30 (31.10.2008).
[83] Vgl. Clever, S., Abbildung von Spielerwerten, 2005, S. 18.

2.1.1.1.1.2. Verkehrsfähigkeit

2.1.1.1.1.2.1. Auffassung des BFH

Wie auch im älteren Schrifttum[84] zu finden stellte der BFH bei seiner Entscheidung noch auf die selbstständige Verkehrsfähigkeit der Spielerlaubnis ab, obwohl er doch die Einzelverwertbarkeit bereits erwähnte.[85] Diese interpretierte des BFH im Sinne einer *abstrakten Veräußerbarkeit*.[86] Danach kommt es nicht darauf an, ob vertragliche bzw. gesetzliche Regelungen einer Veräußerung entgegenstehen, oder ob tatsächlich Kaufinteresse eines potentiellen Erwerbers besteht.[87] Vielmehr ist ausreichend, „dass der Rechtsverkehr Möglichkeiten entwickelt hat die Spielerlaubnis wirtschaftlich zu übertragen."[88] Diese sah der BFH darin begründet, dass dem Verein, der die Spielerlaubnis eines Spielers inne hat, das Recht zugesichert wurde diesen exklusiv für seinen Verein in den Lizenzligen einzusetzen.[89] Daneben wurde dem abgebenden Verein eine Transferentschädigung bei einem Spielerwechsel verbandsrechtlich zugesichert.[90] Diese Regelung konnte nach dem Bosman-Urteil nicht mehr aufrecht erhalten werden, da hierdurch die Berufsfreiheit der Spieler auf unzulässige Weise eingeschränkt wurde. Nunmehr wird lediglich die Auflösung eines bestehenden Arbeitsvertrags, von der Zahlung einer angemessenen Ablösesumme abhängig gemacht.[91] Dadurch geht diese exklusive Einsatzmöglichkeit in Form der Lizenz unter und kann sodann durch den aufnehmenden Verein beim Ligaverband neu beantragt werden. Insofern sehen Befürworter die Verkehrsfähigkeit der Spielerlaubnis durch bedingten Verzicht[92] als gegeben an, da der Verein als Arbeitgeber auf sein aus dem Arbeitsvertrag erwachsendes Recht auf dessen Erfüllung verzichtet und dies von der Zahlung einer Ablösezahlung abhängig machen kann.

Auch die Tatsache, dass die Spiellizenz nicht direkt vom abgebenden auf den aufnehmen-

---

[84] Vgl. Tolls, G., Vermögensgegenstand oder Wirtschaftsgut, 1987, S. 19.
[85] Vgl. BFH vom 26.8.1992, BStBl. 1992 II, S. 977 (S. 978-979).
[86] Danach sind immaterielle Güter nur dann aktivierbar, wenn sie Gegenstand des Rechtsverkehrs sein können, vgl. BFH vom 23.6.1978, BStBl. 1978 II, S. 521 (S. 522); Simon, H. V., Bilanzen, 1899, S. 167.
[87] Vgl. Roland, H., Vermögensgegenstandsbegriff, 1980, S. 155.
[88] BFH vom 26.8.1992, BStBl. 1992 II, S. 977 (S. 979).
[89] Dies geschah durch § 26 a, d LSpSt, vgl. *Anhang 1: Lizenzspielerstatut*. Das damals geltende Lizenzspielerstatut wurde im Rahmen der Strukturreform des DFB durch die LOS ersetzt. Für das Pendant nach heutiger Rechtslage, vgl. DFL, LOS, § 2 Nr. 2, S. 4 i.V.m. § 13 Nr. 2 c), S. 16 (31.10.2008).
[90] Vgl. § 29 LSpSt, *Anhang 1: Lizenzspielerstatut*. Darin manifestierte sich ebenso ein Anspruch auf eine Transferentschädigung, obwohl der Vertrag mit dem Spieler bereits abgelaufen war.
[91] Vgl. Eggerstedt, L. T., Lizenzverträge, 2008, S. 49.
[92] Vgl. Clever, S., Abbildung von Spielerwerten, 2005, S. 19.

den Verein übertragen wird, sondern erlischt[93] und anschließend neu erteilt wird, steht der selbstständigen Verkehrsfähigkeit nicht im Wege. Die Ablösesumme fließt somit an den abgebenden Verein, die Spielerlaubnis wird jedoch vom Ligaverband neu erteilt.[94] Die Spielerlaubnis wird also rechtlich betrachtet gar nicht übertragen, da sie bei Vertragsauflösung mit dem Spieler automatisch entzogen wird.[95] Das treuhänderische Zwischenschalten des Ligaverbands bei Spielertransfers ist für die Verkehrsfähigkeit der Spielerlaubnis jedoch unschädlich.[96] Denn wirtschaftlich betrachtet macht es keinerlei Unterschied, ob der Verband die Lizenz lediglich zwischen den Vereinen weiterreicht, oder diese untergeht und anschließend neu erteilt wird.[97] Die Tatsache, dass ein enger sachlicher und zeitlicher Zusammenhang zwischen der Rückgabe der Spielererlaubnis durch die Auflösung des Arbeitsvertrags mit dem Spieler und der Neuerteilung der Spielerlaubnis für denselben Spieler besteht,[98] spricht für deren wirtschaftliche Übertragbarkeit.

Die Befürworter einer Aktivierung sehen mit dem BFH die Verkehrsfähigkeit v.a. aus zwei Gründen als gegeben an: Zum einen stützen sie ihre Einschätzung auf eine *wirtschaftliche Betrachtungsweise*, wonach es auf die rechtliche Übertragbarkeit nicht ankommt. Somit kommen sie zum Ergebnis, dass ein enger Zusammenhang zwischen Ablösezahlung, Arbeitsvertragsauflösung, Erlöschen und Neuerteilung der Spielerlaubnis besteht. Zum anderen sehen sie auf Basis dieser wirtschaftlichen Betrachtungsweise den bedingten Verzicht auf die Spielgenehmigung als eine durch den Rechtsverkehr entwickelte Möglichkeit die Spielerlaubnis zu übertragen.

2.1.1.1.2.2. Kritik an der BFH-Auffassung

Die Verkehrfähigkeit der Spielerlaubnis sehen *Littkemann/Schaarschmidt* als nicht gegeben an. Ihre Argumentation fußt jedoch ausschließlich auf einer rechtlichen Betrachtungsweise und schließt gleichsam eine für bilanzielle Belange notwendige wirtschaftliche Betrachtungsweise vollkommen aus.[99] So wird von vornherein eine fehlende rechtliche Über-

---

[93] Entweder durch vorzeitige Beendigung des Arbeitsvertrags, vgl. DFL, LOS, § 8 Nr. 1, S. 12 (31.10.2008), oder durch Entzug nach Ablauf des Arbeitsvertrags, vgl. DFL, LOS, § 3 Nr. 2 a), S. 5 i.V.m. § 2 Nr. 2, S. 4 (31.10.2008).
[94] Diese Tatsache ist im Rahmen des entgeltlichen Erwerbs noch genauer zu untersuchen, vgl. Gliederungspunkt 2.2.2.3. *Entgeltlicher Erwerb.*
[95] Vgl. DFL, LOS, § 3Nr. 2 a), S. 5 (31.10.2008).
[96] Vgl. Neumeister, F., Bilanzierung von Transferentschädigungen, 2004, S. 100.
[97] Vgl. Neumeister, F., Bilanzierung von Transferentschädigungen, 2004, S. 100.
[98] Vgl. BFH vom 26.8.1992, BStBl. 1992 II, S. 977 (S. 979).
[99] Vgl. Littkemann, J./Schaarschmidt, P., Transferentschädigungen, 2005, S. 90.

tragbarkeit der Spielerlizenz testiert,[100] woraufhin das alleine aus dem Arbeitsvertrag erwachsende Recht einer vorzeitigen Vertragsauflösung auf dessen Verkehrsfähigkeit hin untersucht wird.[101] Dabei wird ignoriert, dass dieses Kündigungsrecht gar nicht Gegenstand der Untersuchung auf Aktivierungsfähigkeit ist.[102] Anschließend ziehen *Littkemann/Schaarschmidt* noch den Vergleich zum regulären Arbeitsmarkt und weißen darauf hin, dass dort Abfindungen, die für den Wechsel von Arbeitnehmern gezahlt werden auch nicht aktiviert werden können.[103] Dieser Vergleich vernachlässigt jedoch die Tatsache, dass es sich beim Profifußball um einen regulierten Arbeitsmarkt handelt, der auf Grund seiner speziellen Regelungen des Ligastatuts erst ein exklusives Einsatzrecht für einen Arbeitnehmer schafft. Diese auf formaljuristischen Gesichtspunkten fußende Kritik überzeugt daher nicht, da sie die wirtschaftlichen Gegebenheiten nur unzureichend beachtet.

Jansen hingegen kritisiert die Verkehrsfähigkeit aus einer anderen Perspektive. Er lehnt die (wirtschaftliche) Übertragbarkeit aus dem Grunde ab, weil seiner Meinung nach alleine der Wille des Spielers und der des neuen Vereins für das Zustandekommen eines Transfers ausschlaggebend sei.[104] Auf die Mitwirkung des abgebenden Vereins komme es indes nicht an. Diese Auffassung negiert allerdings, dass die Position des Vereins verbandsrechtlich geschützt wird. Sollte dieser nicht gewillt sein einen „Spieler abzugeben" und somit durch Vertragsauflösung auf seine Spielgenehmigung hinsichtlich des betreffenden Spielers zu verzichten, so stellt ein dennoch vollzogener Wechsel einen Vertragsbruch durch den Spieler dar, der nach dem Ligastatut empfindliche Strafen sowohl für den aufnehmenden Verein als auch für den wechselnden Spieler vorsieht.[105] Der Spieler alleine kann also entgegen der Behauptung *Jansens* keinen vorzeitigen Wechsel herbeiführen.[106] Insofern hat der abgebende Verein wie der BFH richtig erkannt hat[107] eine Rechtsposition inne über die er frei verfügen kann und die verbandsrechtlich geschützt ist. So schützt das Ligastatut bei Streitigkeiten hinsichtlich des Arbeitsvertrags den abgebenden Verein indem die Spielgenehmigung für den betreffenden Lizenzspieler so lange beim Verein verbleibt bis eine

---

[100] Da die Spielerlaubnis wie eben geschildert automatisch erlischt und dadurch nicht übertragen werden kann.
[101] Vgl. Hüttemann, DStR 1994, S. 492.
[102] Gegenstand der Untersuchung ist das vom Ligaverband in Form der Spielgenehmigung erteilte Recht den Spieler exklusiv in Spielen der Lizenzligen einsetzen zu dürfen, vgl. BFH vom 26.8.1992, BStBl. 1992 II, S. 977 (S. 978).
[103] Vgl. Littkemann, J./Schaarschmidt, P., Transferentschädigungen, 2005, S. 90.
[104] Vgl. Jansen, R., DStR 1994, S. 1218.
[105] Vgl. DFL, LOS § 5 Nr. 1, S. 9 (31.10.2008) i.V.m. DFB, Verfahrensordnung, § 1 Nr. 4, S. 3 (31.10.2008), i.V.m. DFB, Satzung, § 44, S. 31-32 (31.10.2008).
[106] Vgl. Wehrheim, M., BB 2004, S. 434.
[107] Vgl. BFH vom 26.8.1992, BStBl. 1992 II, S. 977 (S. 979).

Einigung zwischen den Parteien erzielt wird.[108]

Jansen ist aber in einem Punkt Recht zu geben: Entscheidend für eine Übertragung ist letztlich der Wille des Spielers. Denn für den Fall, dass ein Spieler nicht wechselwillig ist, scheitert auch die Verkehrsfähigkeit der Spielerlaubnis. Obgleich der abgebende Verein durch Verweigerung seiner Zustimmung einen Wechsel verhindern kann, kann er jedoch gegen den Willen des Spielers *keinen Wechsel bewirken.*[109] Der Entscheidungsfreiheit des Spielers kommt hierbei eine große Bedeutung zu.[110] Denn der Spieler muss gewillt sein seinen bestehenden Arbeitsvertrag aufzulösen und einen neuen Arbeitsvertrag mit einem anderen Verein einzugehen. Zwar stellt die Verfügungsmacht[111] des Vereins über das exklusive Einsatzrecht ein Indiz für dessen Verkehrsfähigkeit dar.[112] Den Umkehrschluss den der BFH zog, nämlich dass eine teilweise Verfügungsmacht in Form eines Mitbestimmungsrechts ausreiche um eine Verkehrfähigkeit zu begründen,[113] genügt deren Anforderungen allerdings nicht. Der BFH sah nämlich die Übertragbarkeit der Spielerlaubnis bereits allein durch Verzicht des Vereins auf den bestehenden Arbeitsvertrag als gegeben an,[114] ohne jedoch die Entscheidungsfreiheit des Lizenzspielers hierbei zu berücksichtigen. Der Verzicht auf die Erfüllung des Arbeitsvertrags muss einvernehmlich erfolgen,[115] d.h. auch der Spieler muss einer Auflösung des Arbeitsvertrags zustimmen.[116] Der Verein kann über seine Spieler nicht wie über eine Sache verfügen, da der Mensch als Rechtssubjekt auch Träger von Rechten ist. Dadurch ist die Verkehrsfähigkeit der Spielerlaubnis nicht gegeben, weil die bloße Mitbestimmungsmöglichkeit hierfür nicht ausreicht.[117] *Neumeister* erkennt zwar dieses von *Jansen* aufgezeigte Problem, versucht es aber durch die Behauptung zu entkräften, dass die Mitwirkungserfordernis Dritter (gemeint ist hierbei die notwendige Zustimmung des Spielers) auch bei anderen Veräußerungsvorgängen notwendige Voraussetzung sei.[118] Einen Beleg seiner Behauptung bleibt er allerdings schuldig.

---

[108] Vgl. DFL, LOS, § 9 Nr. 2, S. 14 (31.10.2008). Dies bedeutet zugleich, dass in diesem Zeitraum kein anderer Verein eine Spielerlaubnis für den Spieler bekommt, vgl. DFL, LOS, § 13 Nr. 2 c), S. 16 (31.10.2008).
[109] Vgl. Arens, W., SpuRt 1996, S. 41.
[110] Vgl. Jäger, C., Spielervermögen, 2007, S. 69.
[111] In Form einer Ausschlußmöglichkeit anderer Lizenzvereine.
[112] Denn Objekte (Sachen, Rechte, Werte) über die man verfügt, können i.d.R. auch übertragen werden, sind also verkehrsfähig.
[113] Vgl. BFH vom 26.8.1992, BStBl. 1992 II, S. 977 (S. 979).
[114] Vgl. Hüttemann, DStR 1994, S. 492.
[115] Vgl. DFL, LOS, § 8 Nr. 1, S. 12 (31.10.2008).
[116] Vgl. KPMG AG, Fußballtransfermarkt, S. 3 (31.10.2008); Wehrheim, M., BB 2004, S. 434.
[117] Vgl. Littkemann, J., Transferentschädigungen, 2003, S. 157; Steiner, E./Gross, B., StuB 2005, S. 534.
[118] Vgl. Neumeister, F., Bilanzierung von Transferentschädigungen, 2004, S. 101.

2.1.1.1.2.3. Veränderte Rahmenbedingungen

Hinzu kommt, dass nach dem *Bosman-Urteil* den Vereinen nun nicht mehr das Recht zugebilligt wird den Transfer eines Spielers auch *nach* dessen Vertragsende von der Zahlung einer Transferentschädigung abhängig zu machen.[119] Da supranationales Recht auch auf nationaler Ebene Bindungswirkung entfaltet,[120] sah sich der DFB dazu gezwungen das bestehende Transfersystem mit Ablauf der Saison 1996/97 abzuschaffen.[121] Hatten die Vereine vor der Bosman-Entscheidung einen über den Arbeitsvertrag hinausgehenden Anspruch auf eine Ablösesumme,[122] so ist dies nunmehr lediglich während der Vertragslaufzeit der Fall, da sie die vorzeitige Vertragsauflösung nach wie vor von der Zahlung einer Ablösesumme abhängig machen können.[123] Der Behauptung, dass sich durch die Bosman-Entscheidung im Resultat nichts geändert hätte,[124] kann vor der Tatsache der hierdurch gestärkten Position der Spieler[125] nicht beigepflichtet werden. Denn den Spielern eröffnet sich dadurch die attraktive Möglichkeit einen bestehenden Arbeitsvertrag „abzusitzen"[126] und anschließend ablösefrei den Verein zu wechseln. Dies stärkt die Position des Spielers bei Gehaltsverhandlungen mit dem neuen Verein, da dieser hierdurch eine vormals fällige Ablösezahlung umgeht. Das ermöglicht dem Spieler eine höhere Vergütung,[127] entweder durch ein Handgeld (sog. signing fee),[128] oder durch laufende Gehaltszahlungen herauszuhandeln, wenn man davon ausgeht, dass der aufnehmende Verein ein fixes Budget hat um den Spieler an sich zu binden. Diese Begebenheit stellt einen finanziellen Anreiz für den Spieler dar den laufenden Vertrag nicht vorzeitig zu beenden. In Verbindung mit der Abhängigkeit einer frühzeitigen Vertragsauflösung von der Einwilligung des Spielers, lässt dies umso mehr erhebliche Zweifel an der Verkehrsfähigkeit der

---

[119] Die Entscheidung des EUGH in Sachen Bosman sah die bis dahin übliche Praxis den Wechsel eines Spielers auch nach dessen Vertragsende von der Zahlung einer Ablösesumme abhängig zu machen, als unvereinbar mit den Grundfreiheiten des Art. 48 EWGV (Arbeitnehmerfreizügigkeit: Mittlerweile geregelt in Art. 39 EGV) an.

[120] Vgl. Ebel, M./Klimmer, C. (Hrsg.), Fußball-Profis, 2003, S. 249. Die Übertragung des EUGH-Urteils in nationales Recht erfolgte durch das sog. Kienass-Urteil des BAG, vgl. BAG vom 20.11.1996, DB, S. 2547.

[121] Vgl. Arens, W., SpuRt 1996, S. 39; Galli; A., Berufsfußball, 1997, S. 167-170.

[122] Daher konnte es sich der BFH auch erlauben in seinem Urteil vom 26.8.1992 den Wechselwillen des Spielers unberücksichtigt zu lassen, vgl. § 29 Nr. 1 LSpSt, Anhang 1: Lizenzspielerstatut.

[123] Vgl. Reiter, G., SpuRt 2004, S. 57.

[124] Vgl. Ebel, M./Klimmer, C. (Hrsg.), Fußball-Profis, 2003, S. 255.

[125] Vgl. Littkemann, J./Schaarschmidt, P., Transferentschädigungen, 2005, S. 88.

[126] Vgl. Geenen, E., Bundesliga Manager, 1999, S. 154. So konstatiert auch Lemke, dass die Vereine durch das Bosman-Urteil „erpressbar" geworden sind, vgl. Lemke, W., Ohnmacht der Vereine, 1999, S. 113.

[127] Vgl. Arens, W., SpuRt 1996, S. 41; Kalbermatter, A., Sportaktiengesellschaft, 2001, S. 187.

[128] Lemke bezeichnet die gängige Praxis nur für die Bereitschaft zum Vereinswechsel bereits ein Handgeld zu fordern als „dreist" und „fragwürdige Normalität", vgl. Lemke, W., Ohnmacht der Vereine, 1999, S. 114.

Spielerlaubnis aufkommen.

2.1.1.1.2.4. Zeitliche Begrenzung der Verkehrsfähigkeit

Ein weiteres Problem der Verkehrsfähigkeit von Spielgenehmigungen ist deren durch den Verband vorgeschriebene zeitliche Handelsbeschränkung auf zwei Wechselperioden pro Spielzeit.[129] Da viele Arbeitsverträge von Spielern den sportlichen Klassenerhalt als Bedingung für die Vertragserfüllung enthalten,[130] stellt dies die Vereine vor besondere Probleme. Droht der sportliche Abstieg aus der derzeitigen Spielklasse, oder der Lizenzentzug und der damit verbundene Zwangsabstieg, so hat der Verein keine Möglichkeit gegen den Willen des Spielers eine vorzeitige Vertragsauflösung herbeizuführen. Der Spieler seinerseits hat hingegen einen Anreiz den Vertrag auslaufen zu lassen und ablösefrei zu wechseln. Somit kann eine Verwertung i.S.d. wirtschaftlichen Übertragung einer Spielerlaubnis gerade bei diesen Fällen nicht stattfinden, weil kein aufnehmender Verein bereit sein wird eine Transferzahlung zu entrichten, in der Gewissheit, dass der Vertrag des entsprechenden Spielers ohnehin durch den sportlichen Abstieg bzw. den Lizenzentzug aufgelöst wird.

2.1.1.1.2.5. Insolvenzfall

Gleiches gilt für den Insolvenzfall.[131] Denn wenn der Verein zahlungsunfähig wird,[132] wird er auch die Gehälter der Spieler, als größten Ausgabenposten[133] nicht mehr begleichen können. Dies wiederum stellt einen außerordentlichen Kündigungsgrund für den Spieler dar.[134] Somit kann dieser im Falle einer Zahlungsunfähigkeit seinen Vertrag jederzeit beenden, wodurch auch die Spielerlaubnis erlischt. Die Verkehrfähigkeit der Spielerlaubnis ist daher ebenso wenig gegeben, da das Bestehen einer Spielgenehmigung untrennbar mit einem gültigen Arbeitsvertrag verbunden ist.[135] Die Spielgenehmigung kann also im Insolvenzfall keinen Beitrag zum Gläubigerschutz leisten,[136] wodurch der Ansatz

---

[129] Vgl. DFL, LOS, § 4 Nr. 2, S. 6 (31.10.2008). Danach ist der Vereinswechsel nur während der zwei fest vorgeschriebenen Transferperioden möglich.
[130] Vgl. Bohnau, M., Vereinswechsel, 2003, S. 74. Zur Zulässigkeit einer solchen Klausel, vgl. Kania, N./Moriz, N., JuS 1996, S. 519; Kelber, M., NZA 2001, S. 13-14.
[131] Die Argumentation hinsichtlich des Insolvenzfalls wird allerdings durch die Fortbestehensprognose des § 252 I Nr. 2 HGB relativiert. Während Lamers eine Verwertbarkeit im Zerschlagungsfall fordert, vgl. Lamers, A., Aktivierungsfähigkeit, 1981, S. 207, wird diese Ansicht wegen der Unvereinbarkeit mit der Fortführungsprognose von Fabri abgelehnt, vgl. Fabri, S., Grundsätze, 1986, S. 89.
[132] Diese Möglichkeit erscheint keineswegs unwahrscheinlich, vgl. Hoffmann, W.-D., Editorial zu: DB 23/2006, obgleich dies in der bisherigen Bundesligageschichte bis dato noch nicht der Fall war.
[133] Vgl DFL, Bundesliga Report 2008, S. 68 (31.10.2008).
[134] Vgl. Kalbermatter, A., Sportaktiengesellschaft, 2001, S. 221; Wertenbruch, J., ZIP 1993, S. 1293.
[135] Vgl. DFL, LOS, § 2 Nr. 2, S. 4 (31.10.2008).
[136] Moxter stellt zutreffend fest, dass den meisten immateriellen Objekten die fatale Eigenschaft anhaftet sich im Konkursfall zu verflüchtigen, vgl. Moxter, A. BB 1978, S. 821.

als Vermögensgegenstand abzulehnen ist.[137]

2.1.1.1.2.6. Zusammenfassung

Zwar ist der wirtschaftlichen Beatrachtungsweise der Befürworter einer Aktivierung nichts entgegenzusetzen, doch *überwiegen die Zweifel an einer Verkehrsfähigkeit* der Spielerlaubnis, da der fehlende Wechselwille des Spielers eine Transformation der Spielerlaubnis in Geld scheitern lassen kann. Die durch das Bosman-Urteil veränderten Rahmenbedingungen im Lizenzfußball bekräftigen diese Zweifel zudem. Erschwerend kommen Tatsachen wie Wechselfristen, Klauseln innerhalb des Arbeitsvertrags, die dessen Bestehen vom Erreichen sportlicher Ziele abhängig machen und nicht zuletzt die Insolvenz des Vereins als außerordentlicher Kündigungsgrund hinzu. Letztere führen zum Erlöschen des Arbeitsvertrags und somit auch zum Erlöschen der Spielerlaubnis. Somit scheitert gleichsam die Verkehrsfähigkeit der Spielerlaubnis.[138] Eine *Aktivierung* als Vermögensgegenstand in der Handelsbilanz ist somit *vollumfänglich abzulehnen*, weil die grundsätzlichen Voraussetzungen einer Schuldendeckungsmöglichkeit nicht gegeben sind.[139] Würde man die Aufwendungen für die Spielgenehmigung dennoch aktivieren, würde dies gegen das Prinzip der vorsichtigen Bilanzierung[140] und somit gegen einen der wichtigsten GoB[141] verstoßen. Denn das Jahresergebnis sowie die Vermögenslage würden sich durch die Aktivierung von Aufwendungen für den Erwerb der Spieler verbessern.[142] Zum anderen würden diese Aufwendungen dann in der Bilanz ausgewiesen, obwohl sie, wie eben gezeigt wurde, die notwendigen Voraussetzungen eines Vermögensgegenstands nicht erfüllen. Somit wird durch die Aktivierung ein völlig *falsches Bild der Vermögens- Finanz- und Ertragslage* des Vereins vermittelt.[143] Dieses „Sich reicher rechnen als man tatsächlich ist" widerspricht dem Postulat einer vorsichtigen Bilanzierung.[144] Obgleich innerhalb dieses Kapitels die Aktivierungsfähigkeit von Spielervermögen für die Handelsbilanz widerlegt wurde, schlägt die Praxis einen anderen Weg ein. Der Ligaverband erlaubt nach wie vor eine Aktivierung von Ablösezahlungen wie aus dem von der DFL geforderten

---

[137] Es sei denn, es besteht ein konkretes Angebot für einen Spieler, vgl. Kaiser, T., DB 2004, S. 1111; Parensen, A., Transferentschädigungen, 2003, S. 180.
[138] Obwohl auf Grundlage einer anderen Argumentation, so gelangte der IDW bereits 1988 zum gleichen Ergebnis, vgl. IDW, FN-IDW 1988, S. 111.
[139] Vgl. Steiner, E./Gross, B., StuB 2005, S. 534.
[140] Moxter spricht in diesem Zusammenhang vom Prinzip der vorsichtigen Vermögensermittlung, vgl. Moxter, A., Bilanztheorie, 1984, S. 162-163.
[141] Vgl. Leffson, U., GoB, 1987, S. 465.
[142] Dies entspräche der Befürchtung, dass Nonvaleurs aktiviert würden, vgl. Moxter, A. BB 1978, S. 824; Schmalenbach, E., Bilanzlehre, 1925, S. 93.
[143] Vgl. Kalbermatter, A., Sportaktiengesellschaft, 2001, S. 221.
[144] Vgl. Dietzen, N., GoB, 1937, S. 32.

Gliederungsschema ersichtlich wird.[145] Daher ist die Aktivierung von Ablösezahlungen in der Bundesliga gängige Praxis.[146] Die bilanzpolitische Bedeutung die dem Spielervermögen zukommt ist enorm.[147] So stellt das Spielervermögen den zentralen Wert innerhalb der Bilanz eines Fußballvereins dar, und kann mitunter 50 Prozent der Bilanzsumme übersteigen.[148] Die Aktivierung von Spielervermögen dient den Vereinen oftmals als Vehikel eine drohende Überschuldung zu vermeiden.[149] Wegen dieser praktischen Relevanz soll nachfolgend trotz einer Ablehnung der abstrakten Aktivierungsfähigkeit die Bilanzierungskonzeption für Spielervermögen weiter geprüft werden.

2.1.1.2. Bilanzieller Ausweis

2.1.1.2.1. Konzessionsähnliches Recht

Nach Ansicht des BFH entspricht die Spielgenehmigung einem konzessionsähnlichen Recht (§ 266 II A I 1 HGB).[150] Dabei verneint der BFH ausdrücklich, dass eine Konzession vorliegt, da es an einer behördlichen Erlaubnis einer bestimmten Tätigkeit fehlt. Kritiker sehen die Ähnlichkeit zu einer Konzession als nicht gegeben an. Denn eine Konzession habe im Vergleich zur Spielerlaubnis einen Eigenwert. Eine Personenbeförderungskonzession stellt auch ohne das Taxi einen gewissen Wert dar, wohingegen die Spielerlaubnis ohne Spieler völlig wertlos sei.[151] Diese Ansicht verkennt allerdings, dass das Vorliegen einer Spielerlaubnis während der Vertragslaufzeit einen wirtschaftlichen Wert für den Verein darstellt, da dieser alleine den Spieler im Rahmen der Lizenzligen einsetzen darf. Sollte der Spieler seine Dienstleistung verweigern, besitzt der Verein immer noch einen gültigen Arbeitsvertrag, dessen Auflösung er von der Zahlung einer Transferentschädigung abhängig machen kann. Somit besitzt die Spielgenehmigung i.d.R. auch ohne Spieler noch einen Wert. Deshalb scheitert die Vergleichbarkeit der Spielererlaubnis mit der Konzession gerade nicht am fehlenden Eigenwert der Spielgenehmigung. Dass dieser Wert jedoch durch den Verein jederzeit in Geld transformiert werden kann, muss angezweifelt werden, wie die Ausführungen zur Verkehrsfähigkeit bereits deutlich gemacht haben. In die gleiche Richtung zielt die Kritik ab, dass die Spielerlaubnis kein Recht begründe, wel-

---

[145] Vgl. DFL, Anhang VII b zur LO, S. 4 (31.10.2008); Ellrott, H./Galli, A., WPg 2000, S. 272.
[146] Vgl. Ebel, M./Klimmer, C. (Hrsg.), Fußball-Profis, 2003, S. 256; Kalbermatter, A., Sportaktiengesellschaft, 2001, S. 223; Littkemann, J., Transferentschädigungen, 2003, S. 156.
[147] Vgl. Littkemann, J./Schaarschmidt, P., Transferentschädigungen, 2005, S. 86.
[148] Vgl. KPMG AG, Fußballtransfermarkt, S. 1 (31.10.2008).
[149] Vgl. Hoffmann, W.-D., BC 2006, S. 130.
[150] Vgl. BFH vom 26.8.1992, BStBl. 1992 II, S. 977 (S. 978).
[151] Vgl. Steiner, E./Gross, B., StuB 2005, S. 532.

ches nicht bereits aus dem Arbeitsvertrag erwachse.[152] Dem kann entgegnet werden, dass zwar bereits der Arbeitsvertrag ein Recht des Vereins auf die Arbeitsleistung des Spielers begründet,[153] das Recht diese Leistung im Rahmen des organisierten Profifußballs der Lizenzligen zu nutzen, erwächst aber erst aus der Erteilung der Spielerlaubnis.

Als maßgebende Eigenschaft für die Einordnung der Spielerlaubnis in die Gliederungsvorschrift des § 266 HGB als *konzessionsähnliches sonstiges Recht* war scheinbar der Erlaubnischarakter zu sehen,[154] welcher Kritikern zu Folge gerade nicht vorliegen soll.[155] Sie betrachten daher die Spielerlaubnis vielmehr als eine formelle Beglaubigung im Sinne einer Registrierung,[156] wobei der Ligaverband kein Recht habe diese zu versagen. Zwar kommt dem Ligaverband kein Recht zu den Spielermarkt willkürlich zu kontingentieren,[157] da dies der Freiheit der Berufsausübung zuwider laufen würde,[158] doch verkennt diese Kritik, dass die Spielerlaubnis tatsächlich verweigert werden kann. Sollte ein Spieler mehr als einen Vertrag für dieselbe Spielzeit abgeschlossen haben, wird eine Spielgenehmigung nur jenem Verein erteilt, welcher die Spielgenehmigung als erster beantragt hat.[159] Dies dient v.a. der Erhaltung der Integrität des Fußballsports und hat, insofern ist den Kritikern zu folgen, darüber hinaus ebenso einen Registrierungscharakter. Das wertbildende exklusive Einsatzrecht[160] eines Vereins für einen Spieler begründet somit das Versagungsrisiko und damit zugleich den Erlaubnischarakter der Spielerlaubnis.

Dieses exklusive Einsatzrecht, welches durch die Regelungen des Ligastatuts begründet wird, fehlt bei Abfindungszahlungen im herkömmlichen Berufsleben, wodurch eine Vergleichbarkeit zur Fußballbranche nicht gegeben ist. Daher ist auch der Verweis, dass bei solchen Abfindungszahlungen eine Aktivierung nach ständiger Verwaltungspraxis ebenfalls unterbleiben muss,[161] verfehlt.

---

[152] Vgl. Kalbermatter, A., Sportaktiengesellschaft, 2001, S. 209.
[153] Vgl. DFB, Musterarbeitsvertrag, § 1, S. 1-2 (31.10.2008).
[154] Vgl. Hüttemann, R., DStR 1994, S. 491.
[155] Vgl. Galli, A., Berufsfußball, 1997, S. 272; Jansen, R., DStR 1994, S. 1217; Steiner, E./Gross, B., StuB 2005, S. 533.
[156] Vgl. Galli, A., Berufsfußball, 1997, S. 272; Jansen, R., DStR 1994, S. 1218; Kalbermatter, A., Sportaktiengesellschaft, 2001, S. 209; Littkemann, J., Transferentschädigungen, 2003, S. 156; Madeja, F., Bilanzierung Spielervermögen, 2007, S. 57.
[157] Vgl. Steiner, E./Gross, B., StuB 2005, S. 533.
[158] Vgl. Galli, A., Berufsfußball, 1997, S. 272; Jansen, R., DStR 1994, S. 1218.
[159] Vgl. DFL, LOS, § 13 Nr. 2 c), S. 16 (31.10.2008). Darüber hinaus wird derartiges Verhalten durch die LOS sanktioniert, vgl. DFL, LOS, § 5 Nr. 8, S. 10 (31.10.2008).
[160] Dieses Recht ist vertraglich durch die LOS begründet und auch geschützt, wodurch die Qualifizierung der Spielerlaubnis als „Recht" innerhalb der immateriellen Vermögensgegenstände begründet wird. Zur Klassifikation immaterieller Vermögensgegenstände vgl. Küting, K./Ulrich, A., DStR 2001, S. 955.
[161] Vgl. Littkemann, J./Schaarschmidt, P., Transferentschädigungen, 2005, S. 90.

Zusammenfassend lässt sich sagen, dass die Kritik am Ausweis einer Spielgenehmigung als konzessionsähnliches sonstiges Recht nicht zu überzeugen weiß. Insbesondere der für die Ähnlichkeit entscheidende Erlaubnischarakter kann darin gesehen werden, dass die Spielgenehmigung für einen Spieler nur an einen Verein erteilt wird, was gleichzeitig den Wert derselben begründet. Für den Ausweis als *sonstiges Recht* muss die Spielerlaubnis allerdings neben der Ähnlichkeit zu einer Konzession noch weitere Anforderungen erfüllen.

2.1.1.2.2. Immaterialität

Zum einen muss das Spielervermögen als *immaterieller Vermögensgegenstand* qualifiziert werden. Diese Immaterialität der Spielerlaubnis liegt durch die Einordnung als sonstiges Recht nahe, sollte jedoch nicht ohne eine nähere Betrachtung hingenommen werden. Immaterielle Vermögensgegenstände zeichnen sich dem Wortsinn nach durch ihre Stofflosigkeit, bzw. Unkörperlichkeit aus.[162] Sie sind dinglich nicht vorhanden und besitzen keine räumliche Ausdehnung. Sie grenzen sich durch ihre rein geistige Eigenschaft ab. Allerdings erweist sich eine Abgrenzung als schwierig, da es kaum Vermögensgegenstände gibt, die ausschließlich materieller oder immaterieller Natur sind.[163] So wird die Spielerlaubnis, ebenso wenig wie das Patent, ohne Papier auskommen, wodurch es an eine materielle Komponente gebunden ist. Man kann das Wertverhältnis als Entscheidungskriterium, ob es sich um einen materiellen oder immateriellen Vermögensgegenstand handelt heranzuziehen.[164] Dadurch *überwiegt* klar die *immaterielle Komponente* der Spielerlaubnis, wodurch eine Einordnung als immaterieller Vermögensgegenstand gerechtfertigt ist.

2.1.1.2.3. Zurechnung zum Anlagevermögen

Zum anderen muss eine Zurechnung zum Anlagevermögen erfolgen. Die Zurechnung zum Anlagevermögen erfolgt auf Grundlage des § 247 II HGB. Allerdings trifft das HGB keine Aussage darüber, wann ein Gegenstand dazu bestimmt ist dem Geschäftsbetrieb dauerhaft zu dienen. Eine Zuordnung zum Umlaufvermögen erfolgt in Ermangelung einer gesetzlichen Regelung durch eine Negativabgrenzung.[165] Entscheidendes Kriterium für die Einordnung eines Vermögensgegenstands ist dessen *Zweckbestimmung*.[166] Diese wieder-

---

[162] Vgl. Küting, K./Ulrich, A., DStR 2001, S. 954.
[163] Vgl. Kählert, J.-P./Lange, S., BB 1993, S. 614.
[164] Vgl. Coenenberg, A. G., Jahresabschluss, 2005, S. 144.
[165] Was also weder dem Anlagevermögen zuzuordnen ist, noch einen Rechnungsabgrenzungsposten bildet, stellt folglich Umlaufvermögen dar, vgl. Adler, H./Düring, W./Schmaltz, K., 2007, § 247 HGB, Anm. 123.
[166] Vgl. Adler, H./Düring, W./Schmaltz, K., 2007, § 247 HGB, Anm. 107.

um ergibt sich zum einen aus der Natur des Vermögensgegenstands selbst und zum anderen aus dem Willen des Kaufmanns.[167] Die Spielerlaubnis wird man i.d.R. dem Anlagevermögen zuordnen, zumal einerseits eine Verarbeitung im betrieblichen Prozess des Vereins gar nicht in Betracht kommt und andererseits normalerweise ein Spieler für die Dauer seines Arbeitsvertrages in der Mannschaft eingesetzt werden soll. Zudem beschränkt das Ligastatut die Wechselmöglichkeiten auf zwei Wechselperioden pro Spielzeit, während derer ein Spieler jeweils nur einmal den Klub wechseln darf.[168] Hierdurch wird die Möglichkeit einen Spieler zur Weiterveräußerung zu erwerben quasi ausgeschlossen,[169] zumal eine gewinnbringende Weiterveräußerung eine Wertsteigerung des Spielers impliziert, welche wiederum den Einsatz des Spielers voraussetzt. Somit erscheint die Zurechnung der Spielgenehmigung zum Anlagevermögen als unproblematisch. Eine Zuordnung zum Umlaufvermögen erfolgt erst dann, wenn klar ist, dass ein Spieler den Verein verlassen wird.[170]

2.1.2. Konkrete Bilanzierbarkeit

Im Rahmen der handelsrechtlichen Bilanzierungskonzeption gilt es neben dem Aktivierungsgrundsatz (abstrakte Bilanzierungsfähigkeit) in einem zweiten Schritt die gesetzlichen Vorschriften (konkrete Bilanzierungsfähigkeit) zu beachten.[171] Da der Vollständigkeitsgrundsatz unter dem Vorbehalt anders lautender gesetzlicher Regelungen steht (§ 246 I Satz 1 HGB), wird dem handelsrechtlichen Bilanzansatz durch die konkreten Bilanzierungsfähigkeit ein weiterer Filter vorgeschaltet. Da, wie bereits aufgezeigt wurde, die abstrakte Aktivierungsfähigkeit der Spielgenehmigung abzulehnen ist, gilt es zu überprüfen, ob eine *Aktivierung* der Spielgenehmigungen auch *außerhalb des Aktivierungsgrundsatzes* denkbar wäre. Denn das Handelsrecht sieht Ansatzgebote bzw. Ansatzwahlrechte für verschieden Sachverhalte vor, bei denen die abstrakte Aktivierungsfähigkeit nicht gegeben ist.[172] Hierbei kommt speziell der Ansatz als aktiver transitorischer Rechnungsabgrenzungsposten (§ 250 I Satz 1 HGB) in Betracht.[173]

---

[167] Vgl. Adler, H./Düring, W./Schmaltz, K., 2007, § 247 HGB, Anm. 110-113.
[168] Vgl. DFL, LOS, § 4 Nr. 2, S. 6 i.V.m. § 14 Nr. 2 d), S. 19 (31.10.2008).
[169] Vgl. Clever, S., Abbildung von Spielerwerten, 2005, S. 33.
[170] Vgl. Adler, H./Düring, W./Schmaltz, K., 2007, § 247 HGB, Anm. 117. Dies konkretisiert sich zumeist durch die Aufnahme des Spielers in die Transferliste, wofür das beidseitige Einverständnis von Verein und Spieler notwendig ist, vgl. DFL, LOS, § 4 Nr. 6 b), S. 7 (31.10.2008); Ziegler, F., StBp 1980, S. 32.
[171] Vgl. Baetge, J./Kirsch, H.-J./Thiele, S., Bilanzen, 2007, S. 166.
[172] Vgl. Baetge, J./Kirsch, H.-J./Thiele, S., Bilanzen, 2007, S. 169.
[173] Nach derzeitigen Rechtsstand käme auch ein Ansatz als Erweiterungsaufwendung (§ 269 Satz 1 HGB) in Betracht. Da allerdings § 269 HGB durch das BilMoG aufgehoben wird, kann auf weite-

Darüber hinaus kodifiziert das BilMoG erstmals den *Grundsatz der wirtschaftlichen Zurechnung* als entscheidendes Aktivierungskriterium (§ 246 I Satz 2 HGB-E).[174] In diesem Zusammenhang wird die Ausleihe als Sonderfall der Verwertung von Spielervermögen untersucht. Abschließend wird im Rahmen des *entgeltlichen Erwerbs* eine Klassifizierung des Spielervermögens hinsichtlich Anschaffung und Herstellung vorgenommen, da diese wegen des wegfallenden Objektivierungskriteriums des entgeltlichen Erwerbs eine entscheidende Rolle bzgl. der zukünftigen Bilanzierung des Spielervermögens spielen wird.

2.2.2.1. Aktivierung als Bilanzierungshilfe

Ein aktiver transitorischer Rechnungsabgrenzungsposten ist immer dann zu bilden, wenn eine Auszahlung erst in späteren Perioden zu einem Aufwand führt. Daher gilt es zu untersuchen, ob die Ablösezahlung die der aufnehmende Verein verausgabt einen sofortigen Aufwand oder einen sich über die Vertragslaufzeit verteilenden Aufwand darstellt. Letzteres wäre vor dem Aspekt denkbar, dass ein Spieler meistens für mehrere Jahre verpflichtet wird. Allerdings ist zu beachten, dass der Ablösesumme lediglich eine Rechtsbeziehung zwischen dem abgebenden- und dem aufnehmenden Verein zu Grunde liegt. Die Ablösesumme wird unabhängig vom zukünftigen Vertrag des aufnehmenden Vereins mit dem Spieler *nur für die sofortige Freigabe* gezahlt.[175] Zwar kann der Ablösezahlung im Hinblick auf den vom aufnehmenden Verein zukünftig erwarteten Nutzen nicht jeglicher transitorische Charakter abgesprochen werden,[176] doch stellt die Ausgabe ausschließlich einen Aufwand für die in der aktuellen Periode stattfindende Freigabe dar und wirkt somit nicht auf die folgenden Wirtschaftsjahre. Eine Aktivierung als aktiver Rechnungsabgrenzungsposten hat daher zu unterbleiben.

2.2.2.2. Persönliche Zurechnung

Da der Kaufmann lediglich *sein Vermögen* zu bilanzieren hat (§ 241 HGB), eröffnet sich die Frage nach Fällen bei denen die persönliche Zurechnung ungewiss sein könnte. Durch das BilMoG wurde der Vollständigkeitsgrundsatz um das bisher in der Praxis allgemein gültige Prinzip der wirtschaftlichen Zurechnung erweitert (§ 246 I Satz 2 HGB-E).[177] Eine

---

re Ausführungen hierzu verzichtet werden. Zu den Gründen weshalb von einer derartigen Aktivierung abzusehen ist, vgl. Ströfer, J., BB 1982, S. 1095.
[174] Diese Vorschrift hat lediglich klarstellenden Charakter und beabsichtigt keine Änderung des bisherigen Rechtszustands, vgl. BT-Drucks. 16/10067 vom 30.7.2008, S. 47.
[175] Vgl. Ziegler, F., StBp 1980, S. 31-32. Gl. A. Steiner, E./Gross, B., StuB 2005, S. 532.
[176] Vgl. Ströfer, J., BB 1982, S. 1095.
[177] Um tatsächlich keine Änderungen der bisherigen Rechtslage herbeizuführen (vgl. BR-Drucks. 344/08 vom 23.5.2008, S. 102) wurde der Gesetzeswortlaut des Referentenentwurfs im Regie-

denkbare Situation bei der die Zurechnung von Spielervermögen unklar ist, ist die *Ausleihe*, da hierbei zwei Vereine als potentielle wirtschaftliche Eigentümer[178] der Spielgenehmigung in Frage kommen. Die Ausleihe stellt neben dem Transfer eine weitere Möglichkeit dar Spielervermögen zu übertragen.[179] Der wesentliche Unterschied besteht darin, dass die Ausleihe darauf ausgelegt ist, dass der ausgeliehene Spieler nach einer bestimmten Zeit wieder zum abgebenden Verein zurückkehrt.[180] Die Zugehörigkeit des Lizenzspielers zum aufnehmenden Verein wird also im Voraus auf eine gewisse Zeitspanne begrenzt,[181] wodurch sich zugleich die Frage der persönlichen Zurechnung während dieser Zeitspanne stellt. Um diese Frage zu beantworten bedarf es einer genauen Untersuchung des Ablaufs einer Ausleihe.

Die Besonderheit der Ausleihe ist darin zu sehen, dass der ausgeliehene Spieler sich dazu verpflichtet nach Ende der Ausleihfrist[182] einen neuen Arbeitsvertrag mit dem abgebenden Verein abzuschließen. Es handelt sich hierbei um einen auf den Zeitpunkt des Vertragsendes aufschiebend bedingten Arbeitsvertrag.[183] Die Bedingung tritt somit automatisch durch das Vertragsende ein (§ 158 I BGB) und setzt einen neuen Arbeitsvertrag mit dem abgebenden Verein in Kraft. Die Ausleihe ist somit nichts anderes als zwei aneinander gereihte Transfers und kann daher auch als Sonderform des Transfers bezeichnet werden.[184] Während der Ausleihfrist wird der aufnehmende Verein zwar rechtlicher Eigentümer der Spielgenehmigung, doch scheidet eine Verwertung[185] derselben kategorisch aus. Denn, falls der aufnehmende Verein seinen Vertrag (in beiderseitigen Einvernehmen) auflösen sollte, tritt automatisch die aufschiebende Bedingung ein, wodurch der Spieler wieder beim abgebenden Verein unter Vertrag steht. Somit ist während der Ausleihfrist die

---

rungsentwurf nachgebessert, vgl. BR-Drucks. 344/08 vom 23.5.2008, S. 3; BT-Drucks. 16/10067 vom 30.7.2008, S. 6, da in der Literatur darauf hingewiesen wurde, dass die Formulierungen zu einem anderen als dem angestrebten Ergebnis führen würden, vgl. Küting, K./Tesche, T., Zurechnung, 2008, S. 160, 164.

[178] Die personelle Zuordnung von Vermögensgegenständen erfolgt nach bisheriger Bilanzierungspraxis beim wirtschaftlichen Eigentümer, vgl. Beck´scher Bilanz-Kommentar, 2006, § 246, Anm. 5-8.

[179] Vgl. DFL, LOS, § 5 Nr. 2, S. 9 (31.10.2008). Zu den Gründen weshalb eine Ausleihe praktiziert wird, vgl. Bohnau, M., Vereinswechsel, 2003, S. 140-142; Neumeister, F., Bilanzierung von Transferentschädigungen, 2004, S. 155.

[180] Vgl. Bohnau, M., Vereinswechsel, 2003, S. 139.

[181] Während dieser Zeit entrichtet der ausleihende Verein eine einmalige bzw. laufende Ausleihgebühr, wodurch die Ausleihe am ehesten einem Mietverhältnis nahe kommt, vgl. Madeja, F., Bilanzierung Spielervermögen, 2007, S. 127.

[182] Diese muss notwendigerweise kürzer als die Restlaufzeit des Arbeitsvertrags beim abgebenden Verein sein, vgl. DFL, LOS, § 5 Nr. 2, S. 9 (31.10.2008).

[183] Vgl. Clever, S., Abbildung von Spielerwerten, 2005, S. 20-21.

[184] Vgl. Bohnau, M., Vereinswechsel, 2003, S. 156.

[185] Die Verwertbarkeit konkretisiert ihrerseits das Schuldendeckungspotential, welches explizit in der Gesetzesbegründung zur wirtschaftlichen Zurechnung angeführt wird, vgl. BT-Drucks. 16/10067 vom 30.7.2008, S. 47.

Bilanzierung der Spielgenehmigung des Lizenzspielers dennoch beim abgebenden Verein vorzunehmen, da dem aufnehmenden Verein die Möglichkeit einer Transformation des ausgeliehenen Spielervermögens in Geld fehlt.[186] Da sich die auf der Verwertbarkeit und damit Schuldendeckungsfähigkeit aufbauende Argumentation allerdings stark an einer nicht mit der going-concern-Prämisse zu vereinbarenden zerschlagungsstatischen Sichtweise orientiert,[187] sei an dieser Stelle auf Folgendes verwiesen: Die Ausleihe kommt ihrer Ausgestaltung nach am ehesten einem Operating-Leasingverhältnis nahe,[188] da die Überlassung des Spielervermögens nur über eine kurze Laufzeit[189] erfolgt. Dies zieht dasselbe Ergebnis wie die Argumentation bzgl. der Verwertbarkeit nach sich. Nämlich eine Zurechnung des wirtschaftlichen Eigentums beim Leasinggeber,[190] also beim verleihenden Verein.

2.2.2.3. Entgeltlicher Erwerb

Für die Spielgenehmigung als immaterieller Vermögensgegenstand des Anlagevermögens war nach bisherigem Rechtsstand das Aktivierungsverbot des § 248 II HGB ausschlaggebend. Demgemäß durften unentgeltlich erworbene immaterielle Vermögensgegenstände des Anlagevermögens nicht aktiviert werden. Die Begründung warum bisher lediglich derivatives immaterielles Anlagevermögen bilanziert werden darf, ergibt sich aus dem Gläubigerschutzgedanken.[191] Denn immaterielle Vermögensgegenstände unterliegen gerade auf Grund ihrer Immaterialität einem höheren Risiko hinsichtlich ihrer Existenz[192] und Werthaltigkeit als materielle Vermögensgegenstände. Daher hat der Gesetzgeber im Sinne des Vorsichtsprinzips als Aktivierungshürde den entgeltlichen Erwerb gewählt, um eine willkürfreie intersubjektiv nachprüfbare Wertobjektivierung durch eine Markttransaktion zu gewährleisten.[193] Dieses Objektivierungskriterium soll nun zu Gunsten eines besseren Informationsniveaus[194] des Jahresabschlusses aufgegeben werden.[195] Ob eine Spielerlaubnis als entgeltlich erworben gelten kann, ist in der Literatur ebenfalls höchst umstrit-

---

[186] Zudem ist eine Auflösung des Arbeitsvertrags zum Transfer des ausgeliehenen Spielers an einen dritten Verein von der Zustimmung des ursprünglich abgebenden Vereines abhängig vgl. DFL, LOS, § 5 Nr. 2, S. 9 (31.10.2008).
[187] Vgl. Küting, K./Tesche, T., Zurechnung, 2008, S. 164.
[188] Bzgl. der Vergleichbarkeit zum Mietverhältnis, vgl. Ernst and Young AG, Finanzen I, S. 43 (31.10.2008), Madeja, F., Bilanzierung Spielervermögen, 2007, S. 127, 147-148.
[189] Vgl. Neumeister, F., Bilanzierung von Transferentschädigungen, 2004, S. 156.
[190] Vgl. Küting, K./Tesche, T., Zurechnung, 2008, S. 171.
[191] Vgl. BT-Drucks. 16/10067 vom 30.7.2008, S. 49-50.
[192] Die Existenz stellt bei Rechten kein Problem dar vgl. Küting, K./Ulrich, A., DStR 2001, S. 955.
[193] Vgl. Coenenberg, A. G., Jahresabschluss, 2005, S. 147.
[194] Vgl. BT-Drucks. 16/10067 vom 30.7.2008, S. 50.
[195] Dass gerade der Ansatz selbsterstellter immaterieller Vermögensgegenstände des Anlagevermögens das Informationsniveau der Bilanz schwerlich verbessern kann, dazu vgl. Moxter, A., DB 2008, S. 1516.

ten. Es wird bezweifelt, dass das Entgelt tatsächlich für die Spielerlaubnis entrichtet wird, weil es an den abgebenden Verein fließt, eine neue Spielerlaubnis jedoch von der DFL ausgestellt wird.[196] Obwohl die Spielerlaubnis nicht unmittelbar Vertragsgegenstand ist, sah der BFH dem Objektivierungsgedanken folgend[197] den entgeltlichen Erwerb der Spielgenehmigung zu Recht als gegeben an und sprach in diesem Zusammenhang von einem sog. abgeleiteten Erwerb.[198] Da allerdings der entgeltliche Erwerb als Aktivierungskriterium für selbsterstellte immaterielle Vermögensgegenstände des Anlagevermögens durch das BilMoG zukünftig entfällt (§ 248 HGB-E),[199] soll auf eine Erörterung diesbezüglicher Fragen verzichtet werden.

2.2.2.4. Bilanzierungspraxis

Betrachtet man den Wegfall der Bilanzierungshürde des entgeltlichen Erwerbs als eine Änderung der rechtlichen Rahmenbedingungen, so rückt die zu prognostizierende Reaktion der Vereine in den Fokus der Betrachtung.[200] Zu hinterfragen ist also, ob die wegfallende Objektivierungsvoraussetzung zu Änderungen der Bilanzierung des Spielervermögens in den Bilanzen der Vereine führen wird. Dazu muss vorab eine Klassifizierung des Spielervermögens vorgenommen werden.[201] Denn durch die unscharfe begriffliche Abgrenzung des Aktivierungsgegenstands Spielervermögen wird man allzu schnell dazu verleitet, davon auszugehen, dass zukünftig selbsterstelltes Spielervermögen auch bilanziert werden müsste. Hierunter fallen scheinbar Lizenzen von Profispielern aus dem eigenen Amateur- bzw. Nachwuchsbereich.[202] Diese Unterscheidung scheint auf den ersten Blick trivial zu sein, zumal Spielervermögen, welches über den Transfermarkt erworben wurde als angeschafft gilt[203] und sich dadurch der Umkehrschluss förmlich aufdrängt, dass Spieler, die aus den eigenen Reihen in den Profibereich nachrücken, somit selbsterstelltes Spie-

---

[196] Ähnlich wie bereits bei der Verkehrsfähigkeit rühren die Zweifel im Wesentlichen daher, dass beim Spielerkauf eine Dreiecksbeziehung zwischen Spieler, Verein und dem Ligaverband vorliegt. Somit sind Zahlungs- und Güterstrom hinsichtlich der Spielgenehmigung nicht wie bei einem herkömmlichen Geschäft invers. Allerdings sei auch hier auf die wirtschaftliche Betrachtungsweise verwiesen.
[197] Vgl. Moxter, A., Bilanzrechtsprechung, 2007, S. 29-30.
[198] Vgl. BFH vom 26.8.1992, BStBl. 1992 II, S. 977 (S. 979). Noch einige Jahre zuvor sprach sich der BFH noch gegen einen entgeltlichen Erwerb der Spielerlaubnis aus, vgl. BFH vom 13.5.1987, BStBl. 1987 II, S. 777 (S. 778).
[199] Vgl. BT-Drucks. 16/10067 vom 30.7.2008, S. 6.
[200] Denn angesichts der Tatsache, dass die handelsbilanzielle Aktivierung von Spielervermögen ohnehin abzulehnen ist, stellt sich die Frage inwiefern das BilMoG bzgl. der Bilanzierungspraxis der Vereine eine Änderung bewirkt.
[201] Vgl. Galli, A., FB 2003, S. 811.
[202] Dabei ist die oftmals zur Disskusion stehende Aktivierung von Ausbildungskosten ohnehin untersagt, vgl. UEFA, Lizenzierungshandbuch, S. 78 (31.10.2008).
[203] So dürfen die Kosten der Anschaffung nach Ansicht des BFH aktiviert werden, vgl. BFH vom 26.8.1992, BStBl. 1992 II, S. 977.

lervermögen darstellen. Damit stünde die Aktivierung von Aus- und Fortbildungskosten zur Debatte. Kritisch betrachtet verkennt diese Einschätzung allerdings den tatsächlichen Aktivierungsgegenstand. Denn die *Spielgenehmigung*, als ein von der DFL verliehenes Recht, gilt stets als angeschafft und *kann gar nicht selbst erstellt werden*.[204] Selbst erstellt werden hingegen nur die fußballerischen Fähigkeiten der Amateur- bzw. Nachwuchsspieler, die indes nicht unmittelbar Gegenstand der Aktivierung sind.[205] Es ist also nicht die Selbsterstellung, sondern die Unentgeltlichkeit des Erwerbs dafür verantwortlich, dass die Aktivierung der Lizenzen von Amateur- bzw. Nachwuchsspieler,[206] die aus den eigenen Reihen in den Profibereich wechseln, bisher unterbleiben musste.[207] Die Selbsterstellung scheidet hingegen aus. Da für die Spielgenehmigung weder ein Aktivierungsverbot (§ 248 Nr. 1-4 HGB-E) greift, noch ein Wahlrecht eingeräumt wird, unterliegen zukünftig auch unentgeltlich erworbene Nachwuchs- und Amateurspieler, die einen Profivertrag bekommen der Aktivierungspflicht, die aus dem Vollständigkeitsgebot erwächst (§ 246 I Satz 1 HGB-E).[208] Die künftige Vorgehensweise der Vereine hinsichtlich der Bilanzierung ihres Spielervermögens wird höchst wahrscheinlich ebenso uneinheitlich sein wie ihre derzeitige Bilanzierung. Manche Vereine aktivieren ihr Spielervermögen unter Berufung auf die Statuten der DFL,[209] andere wiederum möchten gänzlich von einer Aktivierung absehen,[210] da sie die Vermögensgegenstandseigenschaft als nicht gegeben betrachte.[211] Unter Bezugnahme auf die Erhebung *Jägers*,[212] kann auf eine überwiegende Tendenz zur Aktivierung der Spielgenehmigung geschlossen werden.[213] Voraussichtlich führt dies dazu, dass die Mehrzahl der Vereine, die derzeit bereits eine Aktivierung ihres

---

[204] Vgl. Beck´scher Bilanz-Kommentar, 2006, § 255, Anm. 35.
[205] Fälschlicherweise ziehen einige Autoren aus der Tatsache, dass ein entgeltlicher Erwerb einen Anschaffungsvorgang begründet den Trugschluss, dass ein unentgeltlicher Erwerb eine Herstellung begründet, vgl. Elter, V.-C., Spielervermögen, 2004, S. 130; Ernst and Young, Finanzen II, S. 57 (31.10.2008); Galli, A., Berufsfußball, 1997, S. 281-282; Galli, A., FB 2003, S. 812; KPMG AG, Edit Value 3/2004, S. 27; KPMG AG, Fußballtransfermarkt, S. 4, (31.10.2008); Madeja, F., Bilanzierung Spielervermögen, 2007, S. 91; Schmid, A., Human Capital, 2005, S. 20.
[206] Sowie jener Fußballspieler, die – ermöglicht durch das Bosman-Urteil – ablösefrei zum Verein wechseln.
[207] Vgl. Beck´scher Bilanz-Kommentar, 2006, § 247 HGB, Anm. 391.
[208] Vgl. Hennrichs, J., DB 2008, S. 537.
[209] Diese verweisen ihrerseits auf das BFH-Urteil vom 26.8.1992, z.B. vgl., *Anhang 3: Jahresabschluss der Borussia Dortmund GmbH & Co. KGaA; Anhang 2: Jahresabschluss des FC Bayern München AG 2006/2007*.
[210] Vgl. Kracht, R., Kicker (31.10.2008).
[211] Dies praktizieren mitunter nur Vereine, die „es sich leisten können", vgl. Parensen, A., Transferentschädigungen, 2003, S. 180.
[212] Vgl. Jäger, C., Spielervermögen, 2007, S. 75. Diese Umfrage kann durch die Beteiligung von 20 der 36 Profivereine durchaus als repräsentativ angesehen werden, zumal die Kooperationsbereitschaft hinsichtlich bilanzieller Fragen meist weitaus geringer ausfällt, vgl. Littkemann, J./Sunderdiek, B., WiSt 1998, S. 254.
[213] Zu einem ähnlichen Ergebnis gelangt Müller, vgl. Müller, C., Praxis der bilanziellen Behandlung, 2003, S. 194.

entgeltlich erworbenen Spielervermögens praktizieren zu einer Aktivierung ihres gesamten Spielerkaders übergehen werden.[214] Somit werden voraussichtlich auch Profis, die aus dem eigenen Nachwuchs- oder Amateurbereich stammen, sowie Profis die ablösefrei zum Verein gewechselt sind auf Grund des BilMoG in den Bilanzen der Vereine angesetzt werden,[215] was bisher durch das Objektivierungskriterium des entgeltlichen Erwerbs versagt blieb.

Erwerb	
entgeltlich	**unentgeltlich**
Kauf durch Ablösezahlung	Amateure
Kauf durch Handgeldzahlung	Nachwuchsspieler
Tausch	ablösefreier Wechsel ohne Handgeldzahlung

Tabelle 1: Formen des Erwerbs einer Spielgenehmigung

2.2. Bewertung

2.2.1. Zugangsbewertung

An die positive Entscheidung über die Bilanzierungsfähigkeit schließt sich die Ermittlung eines Wertes an, welcher der aktivierten Spielgenehmigung zuzuweisen ist. Diesen Prozess bezeichnet man auch als *Initial- oder Zugangsbewertung*. Nach § 253 I Satz 1 HGB-E wird die Höhe der Bewertung für den Erwerb auf die Anschaffungskosten[216] begrenzt. Dieses sog. *Anschaffungskostenprinzip*,[217] ist somit Teil des Realisationsprinzips und dient dem Gläubigerschutz indem es einen positiven Erfolgsbeitrag im Sinne einer vorsichtigen Gewinnermittlung erst bei dem Verkauf des zu bewertenden Spielervermögens zulässt.[218] Wertsteigerungen werden also erst ausgewiesen, wenn sie tatsächlich am Markt realisiert sind. Ein Ansatz des Spielervermögens zu einem die An-

---

[214] Dies ist und bleibt allerdings Spekulation, da selbst die Kapitalgesellschaften im Lizenzfußball ihre Jahresabschlüsse lediglich in einer verkürzten, von den strengen Anforderungen der DFL abweichenden Form veröffentlichen. Die für eine Aussage über den Umfang der Aktivierung notwendige Aufgliederung nach Lizenzspielern im Anlagespiegel bleibt allerdings der interessierten Öffentlichkeit vorenthalten. Die unzureichenden Veröffentlichungspflichten für Vereine waren daher des Öfteren Gegenstand der Kritik, vgl. Littkemann, J./Sunderdiek, B., WiSt 1998, S. 254.

[215] Hierbei wird bisher in unsachgerechter Weise differenziert, zumal der Aktivierungsgegenstand derselbe ist: Bei ablösefreien Spielern, wird der unentgeltliche Erwerb als Aktivierungshindernis angeführt, wohingegen Amateure und Nachwuchsspieler als selbsterstellt gelten sollen, vgl. Ernst and Young, Finanzen II, S. 57. Siehe auch *Fußnote 205*.

[216] Wie aufgezeigt wurde kommen Herstellungskosten nicht in Betracht. Die Änderungen an § 253 I Satz 1 HGB-E erfolgten lediglich aus redaktionellen Gründen, vgl. BT-Drucks. 16/10067 vom 30.7.2008, S. 52.

[217] Vgl. Leffson, U., GoB, 1987, S. 252-255.

[218] Vgl. Baetge, J./Kirsch, H.-J./Thiele, S., Bilanzen, 2007, S. 194.

schaffungskosten übersteigenden Marktwert muss folglich unterbleiben. Die Zugangsbewertung hat mit den Anschaffungskosten zu erfolgen (§ 255 I HGB). Die Ermittlung von Anschaffungskosten kommt *nur für entgeltlich erworbene Spielgenehmigungen* in Betracht. Die Zusammensetzung der Anschaffungskosten zeigt folgende Tabelle:

Bewertung nach § 255 I HGB	Beispiel Profifußball
Anschaffungspreis	Nettotransferentschädigung, Handgeldzahlung
+ Anschaffungsnebenkosten	Provision für Spielervermittler, Ausbildungs- und Förderungsentschädigung
+ nachträgliche Anschaffungskosten	Vertragliche Vereinbarungen hinsichtlich des Erreichens sportlicher Ziele
- Anschaffungspreisminderungen	verletzungsbedingter Nachlass
= aktivierte Anschaffungskosten	= aktivierter Wert des Lizenzspielers

Tabelle 2: Handelsrechtliche Bewertung von Anschaffungskosten am Beispiel des Lizenzfußballs

Den Hauptbestandteil der Anschaffungskosten bildet der Anschaffungspreis, welcher beim Herauskaufen eines Spielers aus einem laufenden Vertrag in Form einer Transferentschädigung entrichtet wird. Die Transferentschädigung fließt dabei an den abgebenden Verein. Daneben lassen sich Spieler im Lizenzfußball das Unterzeichnen eines Vertrages häufig durch eine Handgeldzahlung vergüten. Diese ist ebenso Teil des Anschaffungspreises,[219] da ohne deren Zahlung ein für die Erteilung der Spielerlaubnis notwendiger Arbeitsvertrag erst gar nicht zu Stande käme.[220] Im Gegensatz zur Ablösesumme, die stets als Gegenleistung für den Erwerb der Spielgenehmigung qualifiziert werden kann, muss bzgl. der Handgeldzahlung jedoch eine Einzelfallbetrachtung stattfinden.[221] Denn ebenfalls denkbar wäre, dass die Handgeldzahlung als eine Gehaltsvorauszahlung zu qualifizieren ist, wodurch gleichsam die Aktivierung im Rahmen der Anschaffungskosten mangels Gegenleistung für die Spielgenehmigung zu unterbleiben hat.[222]

---

[219] Hingegen sieht der Großteil des Schrifttums diese als Anschaffungsnebenkosten an und lehnt daher eine separate Aktivierung (bei einem Wechsel, der ausschließlich gegen Handgeldzahlung stattfindet) ab, vgl. Madeja, F., Bilanzierung Spielervermögen, 2007, S. 110, 121-122; Müller, C., Praxis der bilanziellen Behandlung, 2003, S. 197; Parensen, A., Transferentschädigungen, 2003, S. 179.

[220] Daher besitzt die Argumentation des BFH hinsichtlich des abgeleiteten Erwerbs, vgl. BFH vom 26.8.1992, BStBl. 1992 II, S. 977 (S. 979-980), auch für eine Handgeldzahlung Gültigkeit zumal diese Zahlung i.d.R. ebenso in unmittelbaren zeitlichen und sachlichen Zusammenhang mit dem Erwerb der Spielerlaubnis steht. Der einzige Unterschied zur Ablösezahlung ist, dass die Handgeldzahlung an den Spieler und nicht an den abgebenden Verein fließt.

[221] Vgl. Ebel, M./Klimmer, C. (Hrsg.), Fußball-Profis, 2003, S. 259.

[222] Allerdings ist dann eine Periodisierung in Form eines aktiven Rechnungsabgrenzungsposten verpflichtend.

Darüber hinaus sind bei der Zugangsbewertung etwaige Anschaffungsnebenkosten zu berücksichtigen, die im Profifußball primär aus Provisionen für Spielervermittler bestehen. Andere Anschaffungsnebenkosten sind betragsmäßig von untergeordneter Bedeutung.[223] Ferner sind nachträgliche Anschaffungskosten zu berücksichtigen. Diese zeichnen sich durch ihren sachlichen Zusammenhang mit der Anschaffung aus.[224] So ist es im Lizenzfußball üblich das Anfallen nachträglicher Aufwendungen vom Erreichen bestimmter sportlicher Ziele abhängig zu machen.[225] Mögliche Anschaffungspreisminderungen fallen beim Erwerb von Spielern hingegen nur selten an.[226]

Besondere Probleme ergeben sich beim Tausch immaterieller Vermögensgegenstände, da den Vertragspartnern hierbei ein nicht unerheblicher Ermessensspielraum bei der Festlegung der Tauschwerte eingeräumt wird.[227] Wegen des Unikatcharakters der Spielgenehmigung und den damit einhergehenden Objektivierungsproblemen bei der Bestimmung des Marktwertes erscheint daher eine erfolgsneutrale Behandlung[228] des Tauschvorgangs angebracht.

Eine ähnlich gelagerte Frage bezieht sich auf die Bilanzierung von unentgeltlich erworbenen Spielervermögen. Folgt man der hier vertretenen Meinung, wonach Spielervermögen nicht selbst herstellbar ist, sondern vielmehr unentgeltlich erworben wird, tut sich durch das BilMoG eine für die Vereine verlockende Alternative auf. Zwar ist die bilanzielle Behandlung von unentgeltlich erworbenen Vermögensgegenständen umstritten,[229] doch könnten sich die Vereine auf Grund ihrer schlechten Eigenkapitalausstattung dazu veranlasst sehen das unentgeltliche Spielervermögen zukünftig mit dem am Abschlussstichtag beizulegenden Wert auszuweisen (§ 253 II Satz 3 HGB-E).[230] Dies stellt eine Option zur Aufdeckung der stillen Reserven dar,[231] wodurch gleichsam eine drohende Überschuldung abgewendet werden kann. Hiervon ist im Sinne einer vorsichtigen Bilanzierung allerdings abzusehen. Insofern gilt das soeben für den Tausch Gesagte. Um dem Vollständigkeitsge-

---

[223] Vgl. Madeja, F., Bilanzierung Spielervermögen, 2007, S. 112.
[224] Vgl. Baetge, J./Kirsch, H.-J./Thiele, S., Bilanzen, 2007, S. 199.
[225] Diese sportlichen Ziele können sich auf den einzelnen Spieler, oder auf das gesamte Team beziehen, z.B. bestimmte Anzahl von Pflichtspielen, Erreichen eines internationalen Wettbewerbs etc..
[226] So wäre z.B. als Grund für eine nachträgliche Minderung der Anschaffungskosten eine Verletzung vor Vertragsantritt denkbar, vgl. Ebel, M./Klimmer, C. (Hrsg.), Fußball-Profis, 2003, S. 258.
[227] Vgl. Kronner, M., DStR 1996, S. 1190.
[228] Diese findet durch eine Buchwertfortführung des jeweils hingegebenen Spielgenehmigung statt.
[229] Vgl. Baetge, J./Kirsch, H.-J./Thiele, S., Bilanzen, 2007, S. 196.
[230] Vgl. Körner, W., BBK 1998, S. 482-483.
[231] Denn für die Vereine ist das Spielervermögen gleichsam ein wichtiger Träger von stillen Reserven in der Bilanz vgl. Ernst and Young, Finanzen II, S. 57 (31.10.2008); KPMG AG, Fußballtransfermarkt, S. 3 (31.10.2008).

bot (§ 246 I Satz 1 HGB-E) dennoch gerecht zu werden, sollte unentgeltlich erworbenes Spielervermögen stattdessen mit einem Erinnerungswert bzw. mit null Euro bilanziert werden.[232]

2.2.2. Folgebewertung

Die Folgebewertung unterteilt sich in zwei Bereiche. Zum einen wird die Spielgenehmigung als abnutzbares sonstiges Recht qualifiziert,[233] da der Verein nur während des zeitlich befristeten Arbeitsvertrags eine geschützte Rechtsposition inne hat. Somit gilt es eine *planmäßige Abschreibung* durch das Aufstellen eines Abschreibungsplans zu berechnen. Zum anderen werden im Rahmen eines Niederstwerttests die Wertansätze in der Bilanz auf ihre *Werthaltigkeit* hin untersucht.

2.2.2.1. Planmäßige Abschreibung

Da die Spielerlaubnis jenen Vermögensgegenständen des Anlagevermögens zuzuordnen ist, deren *Nutzung zeitlich begrenzt* ist,[234] gilt es diese im Rahmen der Folgebewertung *abzuschreiben* um deren Anschaffungskosten über die Nutzungszeit zu verteilen (§ 253 III Satz 1 HGB-E)[235]. Die Höhe der Abschreibung resultiert aus drei Determinanten: Dem *Abschreibungsausgangswert*, der *Nutzungsdauer* und der *Abschreibungsmethode*.[236]

Der Abschreibungsausgangswert ergibt sich hierbei direkt aus der Zugangsbewertung.[237] Ein möglicher Restwert ist seit der Bosman-Entscheidung im Lizenzfußball für die Spielerlaubnis nicht mehr zu erzielen und braucht daher auch nicht berücksichtigt werden.[238] Die Nutzungsdauer bestimmt sich nach der Vertragslaufzeit des Arbeitsvertrags, da die Spielgenehmigung automatisch nach Vertragsende erlischt.[239] Schwierigkeiten ergeben sich regelmäßig für den Fall, dass im Arbeitsvertrag eine Option auf Vertragsverlängerung

---

[232] Vgl. Beck´scher Bilanz-Kommentar, 2006, § 246, Anm. 3.
[233] Zur Qualifikation als abnutzbares Gut vgl. Federmann, R./Kußmaul, H./Müller, S., 2008, Nr. 73, Rz. 52.
[234] Dies resultiert aus der Begrenzung der Arbeitsvertragslaufzeit und deren Verknüpfung mit der Spielgenehmigung, vgl. DFL, LOS, § 2 Nr. 2, S. 4 i.V.m. § 5 Nr. 1, S. 8 (31.10.2008).
[235] Der § 253 III Satz 1 HGB-E entspricht dem § 252 II Satz 1 HGB, der noch gültigen Fassung. Eine Änderung erfolgt lediglich aus redaktionellen Gründen, vgl. BT-Drucks. 16/10067 vom 30.7.2008, S. 56.
[236] Vgl. Adler, H./Düring, W./Schmaltz, K., 2007, § 253 HGB, Anm. 364.
[237] Der Abschreibungsausgangswert muss für den Fall, dass nachträgliche Anschaffungskosten entstanden sind, erhöht werden.
[238] Vgl. Madeja, F., Bilanzierung Spielervermögen, 2007, S. 156. So lehnte auch der BFH die Berücksichtigung einer zukünftig zu erzielenden Transferentschädigung wegen Unvereinbarkeit mit dem Realisationsprinzip ab, vgl. BFH vom 26.8.1992, BStBl. 1992 II, S. 977 (S. 981). Ebenso vgl. IDW, FN-IDW 1988, S. 111.
[239] Vgl. DFL, LOS, § 2 Nr. 2, S. 4 i.V.m. § 3 Nr. 2 a), S. 5 (31.10.2008).

vereinbart wird.[240] Nach Auffassung des BFH sind allgemeine Wahrscheinlichkeitsgesichtspunkte heranzuziehen um zu bestimmen, ob von der Option Gebrauch gemacht wird.[241] Wenn überhaupt, sollte im Sinne einer vorsichtigen Bewertung daher stets davon ausgegangen werden, dass keine Vertragsverlängerung stattfindet und daher über die kürzere Nutzungsdauer abgeschrieben werden.[242] Für die Wahl der Abschreibungsmethode sollte man sich die Aufwandsverteilungsfunktion der planmäßigen Abschreibung vor Augen führen. Insofern ist zu hinterfragen welche Abschreibungsmethode eine sinnvolle Verteilung der Abschreibungsbasis auf die Nutzungsdauer gewährleistet. Da der Abschreibungsplan immer bereits zu Beginn der Nutzungsdauer aufgestellt werden muss, sollte der Marktwert des Spielers, der wiederum von dessen zukünftigen sportlichen Leistungen abhängen wird, bei der Wahl der Abschreibungsmethode außer Acht gelassen werden.[243] Da durch die Bosman-Entscheidung die Spielerlaubnis bei Auslaufen des Vertrags wertlos ist, kann ein kontinuierlicher Entwertungsverlauf unterstellt werden,[244] der bestmöglich durch eine lineare Abschreibung[245] wiedergegeben wird. Die Wahl der Abschreibungsmethode beeinflusst dabei stets das gesamte aktivierte Spielervermögen des Vereins, da für art- und funktionsgleiche Güter eine einheitliche Abschreibungsmethode zu wählen ist.[246]

2.2.2.2. Außerplanmäßige Abschreibung

Die außerplanmäßigen Abschreibungen werden in den sog. Niederstwertvorschriften kodifiziert. Diese konkretisieren das Vorsichtsprinzip des § 252 I Nr. 4 HGB. Denn das (gemilderte) Niederstwertprinzip ist als Ausfluss des Imparitätsprinzips zu klassifizieren, wonach bereits verursachte Verluste antizipiert werden müssen.[247] *Außerplanmäßige Abschreibungen* müssen nur bei *dauerhaften Wertminderungen des Anlagevermögens* vorgenommen werden (§ 253 III Satz 3 HGB-E). Das Abschreibungswahlrecht für voraussichtlich vorübergehende Wertminderungen (§ 253 II S. 3 HGB) wird zukünftig rechtsformu-

---

[240] Vgl. DFL, LOS, § 6 Nr. 3, S. 11 (31.10.2008).
[241] Vgl. BFH vom 26.8.1992, BStBl. 1992 II, S. 977 (S. 981).
[242] So spricht sich Littkemann dafür aus, die Optionsklausel bei der Ermittlung der betriebsgewöhnlichen Nutzungsdauer ganz außen vor zu lassen, damit die Schätzung nicht zur vollkommenen Willkür wird, vgl. Littkemann, J., Transferentschädigungen, 2003, S. 159.
[243] Denn ebenso wie bei einer mengenproportionalen Abschreibung nach Spielensätzen wäre dadurch eine ständige Änderung des Abschreibungsplans vorprogrammiert, vgl. Neumeister, F., Bilanzierung von Transferentschädigungen, 2004, S. 116.
[244] Vgl. Madeja, F., Bilanzierung Spielervermögen, 2007, S. 164. Für andere Marktwertverläufe fehlen empirische Untersuchungen, vgl. Neumeister, F., Bilanzierung von Transferentschädigungen, 2004, S. 117-118.
[245] Nach herrschender Auffassung ist das aktivierte Spielervermögen linear abzuschreiben, vgl. Galli, A., FB 2003, S. 812; Hüttemann, R., DStR 1994, S. 494; Madeja, F., Bilanzierung Spielervermögen, 2007, S. 164. Auf die hiervon abweichende Auffassung Littkemanns sei der Vollständigkeit halber hingewiesen, vgl. Littkemann, J., Transferentschädigungen, 2003, S. 159-160.
[246] Vgl. Adler, H./Düring, W./Schmaltz, K., 2007, § 253 HGB, Anm. 362.
[247] Vgl. Federmann, R./Kußmaul, H./Müller, S., 2008, Nr. 66, Rz. 69.

nabhängig (§ 253 III Satz 4 HGB-E) auf Finanzanlagen beschränkt,[248] wodurch das Spielervermögen hierdurch nicht mehr betroffen sein wird. Ein Ermessensspielraum bleibt allerdings bzgl. der Auslegung des Begriffs der dauerhaften Wertminderung bestehen. Von der Dauerhaftigkeit der Wertminderung ist auszugehen, falls der beizulegende Zeitwert der Spielerlaubnis die fortgeführten Anschaffungskosten an mehr als der Hälfte der verbleibenden Restnutzungsdauer nicht erreichen wird.[249] In diesem Fall gilt es den bilanziellen Vermögensausweis durch eine außerplanmäßige Abschreibung auf den beizulegenden Zeitwert zu korrigieren. Als erstes ist jedoch zu überprüfen, ob Gründe vorliegen,[250] die zu einer außerplanmäßigen Abschreibung wegen dauerhafter Wertminderung führen. Hierfür identifizieren *Littkemann/Schaarschmidt* zwei wesentliche Ursachen: Verletzungen, sowie Suspendierungen.[251] Daneben sind im Lizenzfußball auch andere eher atypische Ursachen wie z.B. Depressionen, Tod etc. denkbar.[252]

Um den Abwertungsbedarf festzustellen gilt es, nachdem Gründe für einen möglichen Abwertungsbedarf identifiziert wurden, den Zeitwert des Spielervermögens zu ermitteln. Hierbei sah das BilMoG in der Form des Referentenentwurfs eine wesentliche Neuerung vor. Danach wären Vermögensgegenstände, welche nur zusammen genutzt werden können hinsichtlich einer dauernden Wertminderung als ein Vermögensgegenstand anzusehen (§ 253 III Satz 5 HGB-RefE). Somit käme es zukünftig nicht mehr auf die einzelne Spielgenehmigung an, da diese nur zusammen mit den anderen Spielgenehmigung ihrer Zweckbestimmung nach genutzt werden kann. Der Hauptzweck der Spielgenehmigung besteht nämlich darin den betreffenden Spieler im Rahmen der Lizenzligen im sportlichen Wettbewerb einzusetzen, wofür man im Fußballsport immer einen kompletten Spielerka-

---

[248] Vgl. BT-Drucks. 16/10067 vom 30.7.2008, S. 56. Momentan ist das Abschreibungswahlrecht bei vorübergehender Wertminderung für Kapitalgesellschaften auf Finanzanlagen beschränkt (§ 279 I Satz 2 HGB), vgl. Beck'scher Bilanz-Kommentar, 2006, § 279, Anm. 4. Im Ergebnis kommt das Abschreibungswahlrecht somit nach noch geltender Rechtslage nur für Bundesligaclubs, die in der Rechtsform des e.V. betrieben werden in Betracht, vgl. Schmid, A., Human Capital, 2005, S. 22.
[249] Vgl. Adler, H./Düring, W./Schmaltz, K., 2007, § 253 HGB, Anm. 477.
[250] Diese Gründe manifestieren sich i.d.R. am Spieler selbst, wodurch ersichtlich wird, dass es sich um eine indirekte Bilanzierung von Humankapital handelt.
[251] Vgl. Littkemann, J./Schulte, K./Schaarschmidt, P., StuB 2005, S. 665.
[252] Vgl. Madeja, F., Bilanzierung Spielervermögen, 2007, S. 169-170. Als einen weiteren Grund für eine außerplanmäßige Abschreibung sah Söffing das Bosman-Urteil an, vgl. Söffing, A., BB 1996, S. 525-526. Seiner Meinung nach wurde dadurch ein marktbedingter Preisverfall und somit eine dauerhafte Wertminderung initiiert. Diese Ansicht stieß allerdings auf heftige Kritik, vgl. Kessler, H., BB 1996, S. 947-948 und hat sich daher auch nicht auf die Bilanzierungspraxis der Vereine ausgewirkt. Rückwirkend betrachtet zu Recht, denn der befürchtete Preisverfall schlug tatsächlich ins Gegenteil um und führte zu steigenden Ablösesummen, vgl. Müller, C., Praxis der bilanziellen Behandlung, 2003, S. 200.

der benötigt.[253] Insofern hätte sich durch das BilMoG in der Form des Referentenentwurfs die Notwendigkeit einer außerplanmäßigen Abschreibung im Gegensatz zur momentanen Situation sogar noch verringert, da sich i.d.R. Zeitwerte von Spielern, die unter den fortgeführten Anschaffungskosten liegen mit jenen, die darüber liegen verrechnen würden. Allerdings wurde diese vorgesehene Änderung im Regierungsentwurf zum BilMoG wieder zurückgenommen.[254] Dies ist zu begrüßen, da bereits bisher den Vereinen bei der Ermessensfrage, ob es sich um dauerhafte Wertminderungen handelt, ein großer bilanzpolitischer Spielraum eingeräumt wurde,[255] der durch § 253 III Satz 5 HGB-RefE eine gesetzliche Legitimation erhalten hätte. Denn in der Praxis wird häufig von außerplanmäßigen Abschreibungen auf den beizulegenden Zeitwert mit der Begründung abgesehen, dass es sich lediglich um eine vorübergehende Wertminderung handele.[256] Im Ergebnis führt dies natürlich dazu, dass in den Bilanzen der Vereine mitunter unvorsichtig bewertetes Spielervermögen steht, dessen Werthaltigkeit angezweifelt werden sollte.[257] So hat es sich herausgestellt, dass häufig nur *Komplettabschreibungen beim Vorliegen eindeutiger Gründe*[258] vorgenommen werden, zumal die Ermittlung eines Zeitwerts für das Spielervermögen mit erheblichen Problemen behaftet ist.[259] Zwar stellt die Praxis wie auch die Literatur verschiedene objektivierende Bewertungsmodelle zur Verfügung, doch kommt für die Ermittlung des Marktwertes von Spielervermögen nur der Einzelveräußerungswert i.S.d. marktpreisorientierten Bewertungsansatzes in Frage.[260] Da die Qualität und Aussagekraft des daraus resultierenden Bewertungsergebnisses allerdings wesentlich von der Identifikation vergleichbarer Transaktionen und diese wiederum von der höchst subjektiven Ausges-

---

[253] Zwar werden im Lizenzfußball stets nur elf Spieler zur gleichen Zeit zusammen genutzt, doch erscheint es zweckmäßig den kompletten Kader als einen Vermögensgegenstand zu berücksichtigen, zumal der Verein auch immer mit einem kompletten Kader für eine Meisterschaftssaison plant.

[254] Vgl. BT-Drucks. 16/10067 vom 30.7.2008, S. 7. Hierdurch wurde den Zweifeln an einer Steuerneutralität Rechnung getragen, vgl. BT (16/141), S. 14834 (31.10.2008).

[255] Vgl. Graumann, M./Maier, T., BBK 2004, S. 1136; Littkemann, J./Schaarschmidt, P., StuB 2002, S. 379; Littkemann, J./Schaarschmidt, P., Transferentschädigungen, 2005, S. 93.

[256] Dies entspricht dem Bestreben der Vereine ihre Vermögenslage wegen des Lizenzierungsverfahrens möglichst positiv darzustellen. Von einer konsistenten Bilanzierungspraxis hinsichtlich außerplanmäßiger Abschreibungen kann im Profifußball allerdings noch keine Rede sein, vgl. Littkemann, J./Schulte, K./Schaarschmidt, P., StuB 2005, S. 666.

[257] Sicherlich stellt dies eher den Ausnahmefall als die Regel dar, doch sollte hinterfragt werden, ob z.B. beim zweiten Kreuzbandriss eines Spielers immer noch von einer vorübergehenden Wertminderung ausgegangen werden kann, oder ob evtl. eine sofortige Abschreibung (mit der Möglichkeit einer späteren Wertaufholung) einem realistischen Wertausweis besser gerecht werden würde. Im Zweifelsfall sollte daher immer von einer dauerhaften Wertminderung ausgegangen werden, vgl. Littkemann, J./Schulte, K./Schaarschmidt, P., StuB 2005, S. 663.

[258] Z.B. Sportinvalidität, Ableben, etc..

[259] Vgl. Madeja, F., Bilanzierung Spielervermögen, 2007, S. 177.

[260] Vgl. Galli, A., FB 2003, S. 816; Fischer, T. M., FB 2006, S. 311; Schmid, A., Human Capital, 2005, S. 25.

taltung eines Scoring-Modells abhängen,[261] sind die Bewertungsergebnisse sehr zweifelhaft und daher auch nicht verwertbar.

2.3. Zwischenfazit

Trotz der offensichtlichen Zweifel hinsichtlich der abstrakten Aktivierungsfähigkeit der Spielerlaubnis, *können es sich viele Vereine* auf Grund der bilanziellen Bedeutung des Spielervermögens *nicht leisten von einer Aktivierung abzusehen*, da ansonsten eine bilanzielle Überschuldung drohen würde,[262] wodurch ein Lizenzentzug und somit eine existenzielle Bedrohung denkbar würden. Daher aktiviert der Großteil der Vereine dem BFH-Urteil vom 26.8.1992 folgend die im Rahmen der Anschaffung der Spielerlaubnis anfallenden Kosten als konzessionsähnliche *sonstige Rechte* unter den *immaterielle Vermögensgegenstände des Anlagevermögens* (§ 266 II A.I. Nr. 1 HGB). Die *Legitimation* zu einer derartigen Vorgehensweise bildet das *Ligastatut*, welches, obgleich es sich nicht mehr explizit auf das o.g. BFH-Urteil beruft, noch immer die Bilanzposition „Spielerwerte" vorsieht.[263] Die *Zugangsbewertung* erfolgt dabei mit den *Anschaffungskosten*, wobei die Ablösesumme und das Handgeld die betragsmäßig bedeutendsten Komponenten sind. Da die Spielerlaubnis mit Ablauf des Arbeitsvertrags endet, erfolgt eine *lineare Abschreibung* über dessen *Vertragslaufzeit*. Durch das *BilMoG* wird zukünftig die Bilanzierung von *unentgeltlich erworbenen Spielgenehmigungen* von eigenen Nachwuchs- sowie Amateurspielern *verpflichtend vorgeschrieben* (§ 246 I Satz 1 HGB-E), wobei eine *Bewertung* mit *null Euro* stattfinden bzw. einem *Erinnerungswert* stattfinden sollte. Hinsichtlich etwaiger *außerplanmäßiger Abschreibungen* beschränkt sich die derzeitige Bilanzierungspraxis der Vereine auf *Komplettabschreibungen*.

Abweichend von dieser derzeitigen bzw. zukünftigen Bilanzierungspraxis in den deutschen Lizenzligen ist allerdings die *Aktivierung von Spielgenehmigungen generell abzulehnen*,[264] da die für das Vorliegen eines Vermögensgegenstands erforderliche Eigenschaft der *Verkehrsfähigkeit* als *nicht gegeben* angesehen werden muss. Es gibt daher nur *zwei Möglichkeiten* um die im Lauf der Jahrzehnte entstandene bilanzielle Fehlbehandlung des Spielervermögens zu korrigieren. Zum einen könnte der *BFH* von sich aus seine *Entschei-*

---

[261] Vgl. Schmid, A., Human Capital, 2005, S. 75.
[262] Vgl. Littkemann, J., Transferentschädigungen, 2003, S. 154.
[263] Vgl. DFL, Anhang VII zur LO, S. 12 (31.10.2008) i.V.m. DFL, LO, § 8 Nr. 1 e), S. 14 (31.10.2008).
[264] Vgl. Kaiser, T., DB 2004, S. 1110; Müller, C., Praxis der bilanziellen Behandlung, 2003, S. 194.

dung vom 26.8.1992 revidieren,[265] wodurch auch *die DFL/der DFB* dazu gezwungen wäre durch eine Abänderung des Ligastatuts den Vereinen die Legitimation für eine Aktivierung der Spielerlaubnis zu entziehen. Zum anderen könnte dies durch den DFB veranlasst auch „*freiwillig*" in Eigenregie bewerkstelligt werden. Allerdings führen beide Alternativen wiederum bei vielen Vereinen zu einer *bilanziellen Überschuldung*, die ihrerseits einen Insolvenzantragsgrund darstellt.[266] Im Insolvenzfall könnten die Vereine allerdings die im Spielervermögen belegenen stillen Reserven nur dann geltend machen, wenn konkrete Angebote anderer Vereine bestünden,[267] wodurch der Lizenzentzug als schlimmstmöglicher Fall denkbar werden würde.[268] Daran sind natürlich weder die DFL/der DFB,[269] noch die Vereine[270] interessiert. Derartig *verteilte Interessenlagen* lassen eine *freiwillige Änderung des Ligastatuts in weite Ferne rücken*.

Würde das Spielervermögen wie hier gefordert zukünftig keine bilanzielle Würdigung mehr erfahren, sondern sofort als Aufwand verrechnet werden,[271] wäre eine denkbare Alternative um einen möglichen Informationsverlust des Jahresabschlusses zu vermeiden Informationen hinsichtlich des Spielervermögens in den Anhang zu verlagern.[272]

3. Bilanzierung von Spielervermögen in der Steuerbilanz

Die steuerlich Bilanzierungspflicht ergibt sich für *Kapitalgesellschaften*[273] aus *§ 140 AO*

---

[265] Vgl. Littkemann, J., Transferentschädigungen, 2003, S. 165. Dies läge nahe, da sich der BFH in einer vergleichbaren Rechtslage auch schon gegen eine Aktivierung ausgesprochen hat, vgl. BFH vom 13.5.1987, BStBl. 1987 II, S. 777 (S. 778). Allerdings wurde das BFH-Urteil vom 26.8.1992 in jüngster Vergangenheit erneut bestätigt, vgl. OFD Frankfurt/Main vom 6.5.2008, EStB 2008, S. 321.

[266] Vgl. Parensen, A., Transferentschädigungen, 2003, S. 180.

[267] Vgl. Kaiser, T., DB 2004, S. 1111; Parensen, A., Transferentschädigungen, 2003, S. 180.

[268] Es wäre jedoch möglich derart negative Konsequenzen durch Schaffung von Übergangsregelungen in der LO bzgl. der finanziellen Leistungsfähigkeit zu umgehen.

[269] Durch den Zwangsabstieg würden sportlich schwächere Vereine in die Lizenzligen nachrücken, was dem Ziel einer ausgeglichenen und damit spannenden Meisterschaftssaison entgegensteht. Zur Bedeutung eines ausgeglichenen sportlichen Wettbewerbs vgl. DFL, Bundesliga Report 2008, S. 21 (31.10.2008). Zudem ist für die DFL weniger die Vermögenslage, als vielmehr die durch die Planrechnung nachgewiesene Liquidität der Vereine im Lizenzierungsverfahren ausschlaggebend, vgl. Müller, C., Praxis der bilanziellen Behandlung, 2003, S. 195.

[270] Diese sind auf Grund der LO darum bemüht ihre Vermögenslage möglichst positiv darzustellen, vgl. Littkemann, J./Schaarschmidt, P., StuB 2002, S. 379.

[271] Interessant ist die Tatsache, dass die DFL ebenso Zweifel an der Bilanzierbarkeit des Spielervermögens zu haben scheint, wie durch die Bereinigung des Eigenkapitals offensichtlich wird, vgl. DFL, Bundesliga Report 2008, S. 73 (31.10.2008).

[272] Vgl. Graumann, M./Maier, T., BBK 2004, S. 1136; Kalbermatter, A., Sportaktiengesellschaft, 2001, S. 222.

[273] In der Saison 2007/2008 betrieben 19 der 36 Bundesligaclubs ihre Lizenzspielerabteilung in der Rechtsform einer Kapitalgesellschaft, vgl. DFL, Spielbetriebs-GmbH (31.10.2008). Mittlerweile sind es bereits 20, vgl. DFL, Kapitalgesellschaft (31.10.2008).

i.V.m. §§ 242, 264 a) HGB. Für die übrigen Fußballvereine,[274] die ihren Geschäftsbetrieb noch in der klassischen Rechtsform eines e.V. betreiben, ergibt sich die steuerliche Bilanzierungspflicht für die Lizenzspielerabteilung, da diese als wirtschaftlicher Geschäftsbetrieb im Sinne des *§ 14 AO* qualifiziert wird und somit zur partiellen Steuerpflicht des Trägervereins führt.[275] Infolgedessen müssen alle Fußballunternehmen ihrer jährlichen Steuererklärung eine Steuerbilanz beifügen, gemäß derer sich der Gewinn des wirtschaftlichen Geschäftsbetriebs auf Grundlage einer Gewinnermittlung nach *§ 5 EStG* entnehmen lässt.[276]

Für die nachfolgenden Ausführungen zur Bilanzierung von Spielervermögen in der Steuerbilanz kann insoweit auf den nach handelsrechtlichen Bestimmungen aufgestellten Jahresabschluss verwiesen werden, soweit dieser nicht in Widerspruch zu steuerlichen Vorschriften steht. Denn über die materielle Maßgeblichkeit des § 5 I Satz 1 EStG wird der materielle Inhalt des handelsrechtlichen Jahresabschlusses in das Einkommensteuerrecht transformiert.[277] Daher beschränken sich die folgenden Ausführungen im Wesentlichen auf steuerrechtliche Abweichungen im Hinblick auf die Bilanzierung von Spielervermögen.

3.1. Ansatz

3.1.1. Abstrakte Bilanzierungsfähigkeit

Im Gegensatz zum Handelsrecht ist dem Steuerrecht der Begriff des Vermögensgegenstands fremd. Stattdessen ist vom *Wirtschaftsgut* die Rede.[278] In Ermangelung einer Legaldefinition wurde dieser Begriff *durch die Finanzrechtsprechung geprägt*.[279] Dabei kommt dem Begriff des Wirtschaftsguts die zentrale Bedeutung zu als Basis für die Besteuerung zu dienen.[280] Da im Rahmen der handelsrechtlichen Bilanzierungskonzeption die Vermögensgegenstandseigenschaft einer Spielgenehmigung abgelehnt wurde, erscheint das Ergebnis, welches sich bzgl. des Vorliegens eines Wirtschaftsguts einstellen wird bereits

---

[274] Die 17 übrigen Bundesligaclubs betrieben hingegen ihre Lizenzspielerabteilung in der Rechtsform des e.V., vgl. DFL, Bundesliga Report 2008, S. 28-33 (31.10.2008). Zur Notwendigkeit einer Umwandlung auf Grund einer möglichen Verfehlung der Rechtsform vgl. Carsten, H., Umwandlung von Lizenzspielerabteilungen, 2001, S. 62-65.
[275] Vgl. Frank, C., Lizenzspielabteilungen, 2001, S. 96; Littkemann, J./Sunderdiek, B., WiSt 1998, S. 254.
[276] Vgl. Littkemann, J., Transferentschädigungen, 2003, S. 162.
[277] Vgl. Schmidt, L., 2007, § 5 EStG, Rz. 29.
[278] Vgl. Baetge, J./Kirsch, H.-J./Thiele, S., Bilanzen, 2007, S. 158; Coenenberg, A. G., Jahresabschluss, 2005, S. 77.
[279] Zur Entstehung des Begriffs, vgl. Söffing, G., Wirtschaftsgut, 1978, S. 200.
[280] Vgl. Jacobs, O. H., StuW 1969, S. 635.

determiniert.[281] Allerdings wird teilweise die Meinung vertreten, dass der Wirtschaftsgutsbegriff vom Umfang her weiter auszulegen sei als der des Vermögensgegenstands.[282] Daher wäre trotz der Ablehnung abstrakten Verkehrsfähigkeit im Rahmen der handelsrechtlichen Bilanzierungskonzeption denkbar, dass die Spielerlaubnis die Eigenschaften eines Wirtschaftsguts erfüllt, vorausgesetzt man folgt der o.g. Auffassung. Hierzu muss die Spielgenehmigung drei Kriterien kumulativ erfüllen:

Zum einen muss sie gegen Aufwendungen erlangt sein,[283] d.h. der Kaufmann muss sie sich etwas kosten lassen.[284] Zu diesem Zweck ist eine Fallunterscheidung zu treffen. Denn für den klassischen Fall des Herauskaufens eines Spielers aus einem laufenden Vertrag im Sinne eines entgeltlichen Erwerbs[285] ist diese Voraussetzung zweifelsohne erfüllt. Hingegen bleibt der steuerliche Ansatz von unentgeltlich erworbenen Spielgenehmigungen, also die für eigene Nachwuchs- bzw. Amateurspieler, die in den Profibereich aufgenommen werden sowie jene für ablösefreie Spieler scheinbar versagt. Diese Anforderung muss allerdings kritisch hinterfragt werden. Denn warum sollte ein Wirtschaftsgut seine bis dato bestehende Eigenschaft als Wirtschaftsgut, dadurch verlieren, dass es unentgeltlich weiterveräußert wird.[286] So sind die entstandenen Aufwendungen dahingehend zu interpretieren, dass „irgend wann einmal" Aufwendungen für „irgend jemanden" in Zusammenhang mit dem Wirtschaftsgut angefallen sind.[287] Damit sind auch Spielgenehmigungen für Fußballprofis, die unentgeltlich von einem anderen Verein erworben wurden, steuerlich anzusetzen, wenn für die Spielgenehmigung während ihrer Transferhistorie bereits Aufwendungen angefallen sind.[288]

Zum anderen muss die Spielgenehmigung einen Nutzen liefern, der über das Wirtschaftsjahr hinausgeht.[289] Dieser Nutzen liegt bei der Spielerlaubnis zweifelsfrei vor und bildet zugleich deren wirtschaftlichen Wert.[290]

---

[281] Denn auf Grund des Maßgeblichkeitsprinzips ist die Bejahung der Vermögensgegenstandseigenschaft unerlässliche Voraussetzung für das Vorliegen eines Wirtschaftsguts.
[282] Vgl. BFH vom 15.4.1958, BStBl. 1958 III, S. 260 (260); BFH vom 26.10.1970, BStBl. 1970 II, S. 382 (S. 383); Tolls, G., Vermögensgegenstand oder Wirtschaftsgut, 1987, S. 218.
[283] Vgl. RFH vom 27.3.1928, RStBl. 1928, S. 260 (261).
[284] Vgl. Schmidt, L., 2007, § 5 EStG, Rz. 94.
[285] Siehe hierzu *Tabelle 1: Formen des Erwerbs einer Spielgenehmigung*.
[286] Vgl. Freericks, W., Bilanzierungsfähigkeit, 1976, S. 317.
[287] Vgl. Jacobs, O. H., StuW 1969, S. 642.
[288] Dies ist im Umkehrschluss immer dann nicht der Fall, wenn eigene Amateure oder Nachwuchsspieler erstmalig eine Spielgenehmigung für den Profibereich beantragen. Eine Spielgenehmigung eines Profis der unentgeltlich zum Verein wechselt, erfüllt hingegen diese geforderte Eigenschaft.
[289] Vgl. BFH vom 28.1.1954, BStBl. 1954 III, S. 109 (S. 109).
[290] Vgl. *Gliederungspunkt 2.1.1.1.1.Wirtschaftlicher Wert*.

Darüber hinaus muss die Spielerlaubnis einer selbständigen Bewertung zugänglich sein. Dieses Kriterium ist als Ursache dafür zu verstehen, dass der Wirtschaftsgutsbegriff in der Vergangenheit weiter gefasst wurde als der Vermögensgegenstandsbegriff. Denn nicht alles Bewertbare ist zugleich auch verwertbar.[291] Dies trifft insbesondere auf die entgeltlich erworbene Spielgenehmigung zu. Denn die Anschaffungskosten für die Spielgenehmigung lassen sich i.d.R. zweifelsfrei ermitteln,[292] wodurch scheinbar ein Wirtschaftsgut begründet wird, da alle für dessen Vorliegen notwendigen Bedingungen kumulativ erfüllt sind.

3.1.1.1. Der weiter gefasste Begriff des Wirtschaftsguts

Da die Spielgenehmigung alle für das Vorliegen eines Wirtschaftsguts erforderlichen Voraussetzungen zu erfüllen scheint, nicht jedoch die eines Vermögensgegenstands,[293] gilt es nachfolgend den *Zusammenhang zwischen Wirtschaftsgut und Vermögensgegenstand* anhand der Spielgenehmigung näher zu untersuchen. In dem der Diskussion zu Grunde liegenden Urteil des BFH vom 26.8.1992 liegt hinsichtlich der positiven Einschätzung über die abstrakte Bilanzierungsfähigkeit von Spielerwerten die *Prämisse* zu Grunde, dass der steuerliche Begriff des *Wirtschaftgutes* mit dem handelsrechtlichen Begriff des *Vermögensgegenstands* prinzipiell *übereinstimmt*.[294] Angesichts der massiven Kritik, die diesem Urteil folgte,[295] erscheint es notwendig diese Prämisse äußerst kritisch zu hinterfragen. Denn die in der Literatur oft anzutreffende diffuse Formulierung, wonach das Wirtschaftsgut weiter gefasst sei,[296] lässt die Frage aufkommen wie die idealtypische Identität zwischen Vermögensgegenstand und Wirtschaftsgut erreicht werden kann. Deshalb wird nachfolgend das der BFH-Entscheidung zu Grunde liegende Bilanzierungsverständnis näher untersucht, welches zu einer positiven Einschätzung bzgl. der Bilanzierungsfähigkeit von Spielervermögen in Handels- und Steuerbilanz geführt hat.

---

[291] Vgl. Baetge, J./Kirsch, H.-J./Thiele, S., Bilanzen, 2007, S. 164. Eine andere Auffassung zielt darauf ab die Bewertbarkeit als komplett eigenständiges Kriterium zu sehen, vgl. Hennrichs, J., DB 2008, S. 540.
[292] Siehe hierzu *Tabelle 2*. Bzw. bei unentgeltlichem Erwerb null Euro.
[293] Dies wurde bereits vor der BFH-Entscheidung vom 26.8.1992 von Franz Ziegler, damals Vorsitzender des Gutachterausschusses des DFB eingeräumt, vgl. Ziegler, F., StBp 1980, S. 32. Ebenso IDW, FN-IDW 1988, S. 111.
[294] Vgl. Parensen, A., Transferentschädigungen, 2003, S. 172. Bemerkenswert ist, dass in der jüngsten Rechtssprechung zum Spielervermögen nicht mehr vom Begriff des Vermögensgegenstands die Rede ist, vgl. OFD Frankfurt/Main vom 6.5.2008, EStB 2008, S. 321.
[295] Und teilweise auch vorausging, vgl. Ströfer, J., BB 1982, S. 1098.
[296] Vgl. Beck´scher Bilanz-Kommentar, 2006, § 240, Anm. 3, § 247, Anm. 16; BFH vom 15.4.1958, BStBl. 1958 III, S. 260 (S. 260); Schmidt, L., 2007, § 5 EStG, Rz. 94; Tolls, G., Vermögensgegenstand oder Wirtschaftsgut, 1987, S. 46; Littkemann, J., Transferentschädigungen, 2003, S. 145.

In der Tat geht das, was in der Steuerbilanz als Wirtschaftsgut zu aktivieren ist über den handelsrechtlichen Vermögensgegenstand hinaus.[297] Dies ist nicht zuletzt einer vom dynamischen Bilanzierungsverständnis geprägten Finanzrechtssprechung geschuldet. Das Interesse des Fiskus' an einer extensiven Interpretation des Wirtschaftsgutsbegriffs[298] ist dabei offensichtlich: Denn je weiter der Wirtschaftsgutsbegriff gefasst wird, desto weniger Ausgaben können bei deren Anfall sofort aufwandswirksam[299] erfasst werden, sondern müssen in der Bilanz aktiviert und über deren Nutzungszeitraum abgeschrieben werden. Diese Sichtweise ist wesentlich von einem dynamischen Bilanzverständnis geprägt,[300] wonach die Bilanz in erster Linie dem Zweck dient als Korrekturposten eine periodengerechte Erfolgsermittlung sicherzustellen.[301] Eben diese dynamischen Bilanzaspekte werden durch das BFH-Urteil vom 26.8.1992 in die Handelsbilanz hineingetragen, da nach herrschender Auffassung eine Deckungsgleichheit zwischen Vermögensgegenstand und Wirtschaftsgut gegeben ist.[302] Der sich hinter der Aktivierung von Ablösezahlungen verbergende *Periodisierungsversuch*[303] von Ausgaben für Lizenzspieler *müsste* allerdings dort an seine *Grenzen stoßen*, wo er der *statischen Interpretation des Vermögensgegenstands entgegensteht*.[304] Denn wie die Ausführungen zur handelsrechtlichen abstrakten Bilanzierungsfähigkeit gezeigt haben, stellt die Spielerlaubnis gerade keinen Vermögensgegenstand dar. Eine Aktivierung des Spielervermögens mit der richtigen Periodenabgrenzung zu begründen und sich dabei gleichsam über die kaufmännische Vorsicht hinwegzusetzen, würde auch der dynamischen Bilanztheorie *Schmalenbachs* nicht gerecht werden.[305] Die Ermittlung des scheinbar richtigen Periodengewinns darf also nicht durch eine Überdehnung des Vermögensgegenstandsbegriffs erreicht werden

Dies ist deshalb abzulehnen, weil eine Aktivierung des Spielervermögens gegen den Grundsatz der vorsichtigen Bilanzierung und damit gegen die GoB verstoßen wird. Dar-

---

[297] Vgl. Baetge, J./Kirsch, H.-J./Thiele, S., Bilanzen, 2007, S. 164; Coenenberg, A. G., Jahresabschluss, 2005, S. 77.
[298] Vgl. Pfeiffer, T., StuW 1984, S. 331-332.
[299] Und damit steuermindernd! Somit bleibt dem Steuerpflichtigen eine Steuerbarwertminimierung verwehrt.
[300] Vgl. Parensen, A., Transferentschädigungen, 2003, S. 172.
[301] Vgl. Schmalenbach, E., Bilanzlehre, 1925, S. 93. Bezogen auf das Spielervermögen bedeutet dies, dass die Aktivierung der Spielerlaubnis deshalb erfolgen muss, weil die dafür angefallene Auszahlung einen Nutzen nach dem Bilanzstichtag erwarten lässt.
[302] Vgl. Baetge, J./Kirsch, H.-J./Thiele, S., Bilanzen, 2007, S. 159; BFH vom 26.10.1987, BStBl. 1988 II, S. 348 (S. 352); BFH vom 7.8.2000, BStBl. 2000 II, S. 632 (S. 635); Moxter, A., Bilanzrechtsprechung, 2007, S. 7-8; Söffing, G., Wirtschaftsgut, 1978, S. 212; Veit, K.-R., SteuerStud 1990, S. 170.
[303] Vgl. Lüdenbach, N./Hoffmann, W.-D., DB 2004, S. 1443.
[304] Vgl. Federmann: Bilanzierung 2000, S. 197-198; Pfeiffer, T., StuW 1984, S. 332; Westerfelhaus, H., DB 1995, S. 887.
[305] Vgl. Anderson, V., Bilanzierung, 1965, S. 43, 57.

über hinaus wird dadurch die Maßgeblichkeit der Handelsbilanz für die Steuerbilanz ausgehöhlt.[306] Vielmehr muss sich die Konturierung des Begriffs des Wirtschaftsguts ausschließlich an jenen Merkmalen orientieren nach denen sich der Begriff des Vermögensgegenstands bestimmt.[307] Dies ergibt sich aus § 5 I Satz 1 EStG, der unmissverständlich auf die Grundsätze ordnungsmäßiger Buchführung verweist.[308] Allerdings versucht der BFH durch die weite Auslegung des Vermögensgegenstandsbegriffs die Deckungsgleichheit mit dem Wirtschaftsgut zu erzwingen um eine Periodisierung der für die Ablösesumme entrichteten Aufwendungen zu erreichen. Dies konkretisiert sich durch das Abstellen auf die abstrakte Verkehrsfähigkeit der Spielgenehmigung.[309] Neben der begrifflichen Unschärfe[310] ist dieses Kriterium deshalb abzulehnen, weil es dem Gläubigerschutz dienenden Vorsichtsprinzips zuwiderläuft.[311] Die abstrakte Veräußerungsfähigkeit stellt nämlich darauf ab, dass ein Gut nicht im konkreten Einzelfall, sondern nur *seiner Natur nach* selbständig übertragbar sein soll.[312] Dass die Spielerlaubnis durch bedingten Verzicht ihrer Natur nach übertragbar sein soll, muss wegen der Zustimmungserfordernis des betroffenen Spielers ernsthaft bezweifelt werden. Dass der BFH indes zu einer anderen Einschätzung gelangt,[313] ist der begrifflichen Unschärfe des Kriteriums der abstrakten Verkehrsfähigkeit geschuldet[314] und kann auch nicht durch die scheinbare Konkretisierung (*der Natur nach*) gemildert werden, da diese ebenso vage, wie konturlos ist. Dadurch dass der BFH dieses Kriterium wählt, wird der Begriff des Vermögensgegenstands derart verwässert, dass eine Deckungsgleichheit mit dem weiter ausgelegten Begriff des Wirtschaftsguts erreicht wird, da eine Trennlinie zwischen Ver- und Bewertbarkeit nicht mehr eindeutig gezogen werden kann. Die Argumentation des BFH bzgl. der abstrakten Aktivierbarkeit der Spielgenehmigung muss sich dennoch einzig an den Vermögensgegenstandseigenschaften messen lassen.[315] Daher scheitert auf Grund der fehlenden Verwertbarkeit[316] ebenso die Aktivierung

---

[306] Vgl. Anderson, V., Bilanzierung, 1965, S. 59.
[307] Vgl. Kruse, H. W., Aktivierungsfragen, 1978, S. 185; Littkemann, J., Transferentschädigungen, 2003, S. 163.
[308] Vgl. Federmann, R./Kußmaul, H./Müller, S., 2008, Nr. 66, Rz. 3-4; Söffing, G., Wirtschaftsgut, 1978, S. 211; Ströfer, J., BB 1982, S. 1092.
[309] Vgl. BFH vom 26.8.1992, BStBl. 1992 II, S. 977 (S. 979). Dies bewirkt eine Ausweitung des Vermögensgegenstandsbegriffs. Denn je schwieriger die Verwertbarkeit greifbar ist, desto näher gelangt man an die für ein Wirtschaftsgut ausschlaggebende Eigenschaft der Bewertbarkeit heran. Daher ist die abstrakte Verkehrsfähigkeit abzulehnen, vgl. Baetge, J./Kirsch, H.-J./Thiele, S., Bilanzen, 2007, S. 162; Gl. A. Küting. K./Ellmann, D., Vermögen, 2008, S. 249.
[310] Vgl. Kußmaul, H., BB 1987, S. 2058.
[311] Im Insolvenzfall können Gläubiger auf ein lediglich abstrakt verkehrsfähiges Wirtschaftsgut nicht zugreifen, vgl. Tiedchen, S., Vermögensgegenstand, 1991, S. 35.
[312] Vgl. Knobbe-Keuk, B., Bilanzrecht, 1993, S. 88; Pfeiffer, T., StuW 1984, S. 334-335.
[313] Vgl. BFH vom 26.8.1992, BStBl. 1992 II, S. 977 (S. 979).
[314] Vgl. Tiedchen, S., Vermögensgegenstand, 1991, S. 36.
[315] Vgl. Littkemann, J., Transferentschädigungen, 2003, S. 163.

als Wirtschaftsgut in der Steuerbilanz.

3.1.1.2. Beihilfe zum Lizenzerwerb

Das Vorsichtsprinzip soll darüber hinaus nicht nur Gläubiger, sondern auch den Kaufmann selbst vor einer zu optimistischen Einschätzung seiner Geschäftslage schützen.[317] Diesbezüglich muss konstatiert werden, dass vor dem Hintergrund einer niedrigen Eigenkapitalausstattung der Bundesligavereine und den hohen Anforderungen des Lizenzierungsverfahrens die Steuerverwaltung[318] bzw. die Finanzrechtssprechung eine willkommene[319] Beihilfe dazu geleistet hat die Vermögenslage der Vereine durch die Bekenntnis zur abstrakten Aktivierungsfähigkeit des entgeltlich erworbenen Spielervermögens in ein positives Licht zu rücken.[320] Somit *unterstützt die Finanzrechtssprechung eine der bedeutsamsten Fehlhandlungen der Vereine*, nämlich die Aktivierung von überhöhten Aufwendungen für den Spielererwerb.[321] Dieser „Steilpass" wird von den Vereinen dankend angenommen und dazu benutzt das eigene Vermögen zu beschönigen und durch die Aktivierung des Spielervermögens eine Gegenposition zu ihrer auf hohem Niveau stagnierenden Verschuldung zu schaffen.[322] Zudem wird eine Verteilung der Aufwendungen über die Vertragslaufzeit der erworbenen Spieler erreicht, wodurch die gesamte Vermögens-, Finanz-, und Ertragslage der Vereine verzerrt wird. Dies lässt ernsthafte Zweifel an der wirksamen Umsetzung des Lizenzierungsverfahrens aufkommen.[323] Durch eine Aktivierung muss allerdings auch der Nachteil in Kauf genommen werden das (entgeltlich erworbene) Spielervermögen in der Steuerbilanz anzusetzen und dadurch auf eine Steuerbarwertminimierung zu verzichten, da man die für die Spielerakquise angefallenen Ausgaben nicht sofort (in voller Höhe) als Betriebsausgabe geltend machen kann.[324] Führt man sich die Konsequenzen eines Lizenzentzugs vor Augen ist dies allerdings als geringster Nachteil zu sehen, zumal den Vereinen genügend Möglichkeiten zur Steuerbarwertminimierung offen stehen.[325] An dieser Stelle lohnt ein kurzer Seitenblick hinsichtlich der finanziellen Situation im Lizenzfußball. Denn die Eigenkapitalausstattung der Vereine ist dabei keineswegs so

---

[316] Siehe hierzu Gliederungspunkt *2.1.1.1.2.6. Zusammenfassung*.
[317] Vgl. Leffson, U., GoB, 1987, S. 466-467.
[318] Der BFH-Entscheidung vom 26.8.1992 ging der Erlass des Finanzministeriums NRW voraus, vgl. DB 1974, S. 2085, welcher noch ein Aktivierungswahlrecht vorsah.
[319] Obgleich nicht uneigennützige Beihilfe. Zu den Interessen des Fiskus vgl. Littkemann, J., Transferentschädigungen, 2003, S. 163-164.
[320] Vgl. Ströfer, J., BB 1982, S. 1092.
[321] Vgl. Müller, C., Wettbewerbsintegrität, 2004, S. 23-24; Ströfer, J., BB 1982, S. 1088.
[322] Vgl. DFL, Bundesliga Report 2008, S. 73 (31.10.2008).
[323] Vgl. Ebel, M./Klimmer, C., UEFA, 2001, S. 181.
[324] Vgl. Littkemann, J., Transferentschädigungen, 2003, S. 162-163.
[325] Vgl. Müller, C., Praxis der bilanziellen Behandlung, 2003, S. 181.

gut wie dies der erste Blick vermuten ließe.[326] Denn bringt man das Spielervermögen in Abzug und berechnet das bereinigte Eigenkapital,[327] so ergibt sich lediglich eine Eigenkapitalquote von 20,1 Prozent.[328] Dies ist in Anbetracht der Finanzmarktkrise und der damit einhergehenden restriktiven Kreditvergabepolitik der Geldinstitute eine denkbar schlechte Ausgangssituation um den zukünftigen Finanzierungsherausforderungen[329] bzgl. des Spielervermögens zu begegnen.

3.1.2. Konkrete Bilanzierungsfähigkeit

Obwohl die Zuordnung der Wirtschaftsgüter nicht ausschließlich den GoB überlassen bleibt,[330] ändert sich an den Ausführungen zur Handelsbilanz die konkrete Bilanzierungsfähigkeit betreffend nichts, da die Spielgenehmigung *stets als notwendiges Betriebsvermögen* zu klassifizieren ist.[331] Allerdings steht § 5 II EStG einer Aktivierung von unentgeltlich erworbenen Spielervermögen weiterhin entgegen, wodurch *ausschließlich* entgeltlich erworbenes Spielervermögen zum Ansatz in der Steuerbilanz gelangt.[332]

3.2. Bewertung

Hinsichtlich der Bewertung gilt es den in § 5 VI EStG geregelten sog. *steuerlichen Bewertungsvorbehalt* zu beachten.[333] Danach kommt nur dann der handelsbilanzielle Wertansatz in Frage, wenn das Steuerrecht keine davon abweichende Bewertung verlangt oder zulässt.[334] Die Zugangsbewertung erfolgt für die Spielgenehmigung zu Anschaffungskosten (§ 6 I Nr. 1 Satz 1 EStG). In Ermangelung einer gesetzlichen Definition erfolgt die Ermittlung der Anschaffungskosten nach § 255 I HGB.[335] Für die Ermittlung der fortgeführten Anschaffungskosten kommt steuerlich nur die lineare Abschreibung in Betracht (§ 7 I Satz 1 EStG).[336] Da hinsichtlich der zu bestimmenden Nutzungsdauer

---

[326] Vgl. DFL, Bundesliga Report 2008, S. 73, 161 (31.10.2008).
[327] Vgl. DFL, Bundesliga Report 2008, S. 165 (31.10.2008).
[328] Der Bilanzanteil des Spielervermögens in den deutschen Lizenzligen in der Saison 2006/2007 macht dabei 16,4 Prozent der gesamten Bilanzsumme aus, vgl. *Anhang 4: Bilanzanalyse*.
[329] Vgl. Ernst and Young AG, Finanzen V, S. 11-12 (31.10.2008).
[330] Vgl. Federmann, R. Bilanzierung, 2000, S. 187.
[331] Denn die Spielgenehmigung kann nur durch den Verein erworben und eingesetzt werden. Dadurch stellt sie, objektiv erkennbar, notwendiges Betriebsvermögen dar, da sie zum Einsatz im Betrieb bestimmt ist, vgl. hierzu Coenenberg, A. G./Haller, A./Mattner, G. u.a., Rechnungswesen, 2007, S. 332; Schmidt, L., 2007, § 4 EStG, Rz. 143.
[332] Der Ansatz von passiven latenten Steuern kann dann unterbleiben, wenn zukünftig unentgeltlich erworbenes Spielervermögen mit einem Erinnerungswert bzw. mit null Euro zum Ansatz gelangt, wodurch Handels- und Steuerbilanz nur dem Grunde nach auseinander fallen.
[333] Vgl. Knobbe-Keuk, B., Bilanzrecht, 1993, S. 154-155.
[334] Vgl. Baetge, J./Kirsch, H.-J./Thiele, S., Bilanzen, 2007, S. 193.
[335] Vgl. Schmidt, L., 2007, § 6 EStG, Rz. 81.
[336] Die leistungsabhängige Abschreibung ist nach § 7 I Satz 6 EStG nur für bewegliche Anlagegüter möglich, während die degressive Abschreibung steuerlich nicht mehr zulässig ist.

(§ 7 I Satz 2 EStG) keine steuerlichen Sonderregelungen bestehen, der Abschreibungsbetrag durch § 255 I HGB determiniert wird und als Abschreibungsmethode nur die lineare Abschreibung in Frage kommt, entsprechen sich die planmäßige Abschreibung nach Handels- und Steuerrecht.

Für außerplanmäßige Abschreibungen sieht das Steuerrecht prinzipiell zwei Möglichkeiten vor. Zum einen die Teilwertabschreibung (§ 6 I Nr. 1 Satz 2-3 EStG). Daneben ist eine Absetzung für außergewöhnliche Abnutzung denkbar (§ 7 I Satz 7 EStG).[337] Ohne auf die spezifischen Unterschiede zur handelsrechtlichen außerplanmäßigen Abschreibung auf den niedrigeren Zeitwert eingehen zu wollen, kann festgehalten werden, dass sowohl die Probleme als auch das Ergebnis dasselbe sind.[338] Ein Unterschied besteht lediglich darin, dass steuerlich eine Zuschreibung zwingend vorgeschrieben ist (§ 6 I Nr. 1 Satz 4 EStG bzw. § 7 I Satz 7 EStG).

3.3. Zwischenfazit

Das BFH-Urteil vom 26.8.1992 ist als *Versuch* anzusehen die *an sich nicht bilanzierungsfähigen Aufwendungen für den Spielererwerb durch eine Aktivierung zu periodisieren*. Maßgeblichen Einfluss hierauf nimmt das *dynamische Bilanzierungsverständnis* des BFH, welches vornehmlich im Bereich der abstrakten Aktivierungsfähigkeit zu Tage tritt. Dort wird die Achillisverse des Bilanzrechts getroffen: Nämlich die Frage nach dem Umfang des Aktivierungsgegenstands. Vom Periodisierungsgedanken geleitet kommt der BFH hierbei zu einer *sehr weiten Auslegung des Wirtschaftsgutsbegriffs*. Dies *untergräbt* jedoch das *Maßgeblichkeitsprinzip* und ist nicht mit dem Gesetzeswortlaut des § 5 I Satz 1 EStG vereinbar, da dies den *GoB der vorsichtigen Bilanzierung ins Gegenteil umkehrt*. Daher muss das *BFH-Urteil vom 26.8.1992* vollumfänglich *abgelehnt* werden. Denn dieses BFH-Urteil ist als eine *starke Überdehnung des Wirtschaftsgutsbegriffs* zu verstehen, welche durch eine ausgeprägte Betonung einer dynamischen Bilanzauffassung eingetreten ist. Somit sollte das Spielervermögen *ebenso wenig in der Steuerbilanz als Wirtschaftsgut zum Ansatz gelangen* wie in der Handelsbilanz als Vermögensgegenstand. Die Realität sieht indes völlig anders aus. Denn die Vereine nehmen die steuerlichen Nachteile, die durch den Ansatz von Spielervermögen entstehen gerne in Kauf um durch den analogen handels-

---

[337] In Zusammenhang mit der Spielgenehmigung scheidet eine außergewöhnliche technische Abnutzung aus. Somit verbleibt nur die Möglichkeit einer außergewöhnlichen wirtschaftlichen Abnutzung.
[338] Siehe hierzu Gliederungspunkt 2.2.2.2. *Außerplanmäßige Abschreibung*.

rechtlichen Ansatz einer drohenden Überschuldung zu entgehen.[339] Der materiell *bedeutendste Unterschied* ist darin zu sehen, dass in der *Steuerbilanz* nach wie vor *ausschließlich entgeltlich erworbenes Spielervermögen* zum Ansatz gelangt (§ 5 II EStG).

4. Bilanzierung nach internationalen Rechnungslegungsgrundsätzen

Für die Bilanzierung im deutschen Profifußball gewinnen zunehmend die IAS/IFRS an Bedeutung. Zum einen sieht das HGB eine *Pflicht zur Aufstellung eines Konzernabschlusses nach IAS/IFRS für kapitalmarktorientierte Konzernmuttergesellschaften*[340] vor (§ 315 a) HGB-E). Diese Pflicht wird allerdings nur jene Kapitalgesellschaften treffen, die *börsennotiert* sind (§ 315 a) I HGB-E), oder die Wertpapiere an einem organisierten Markt handeln (§ 315 a) II HGB-E). Somit betrifft die Pflicht nur einen *kleinen Bruchteil der Lizenzvereine*.[341] Freiwillig vom Wahlrecht des § 315 a) III HGB-E Gebrauch zu machen erscheint angesichts des Mehraufwandes, den ein IAS/IFRS Abschluss verursacht als unwahrscheinlich, zumal es ohnehin an einer rechtsformunabhängigen verbandsrechtlichen[342] Veröffentlichungspflicht für den Jahresabschluss der Vereine fehlt.[343]

Zum anderen gewinnt ein nach internationalen Rechnungslegungsgrundsätzen aufgestellter Jahresabschluss vor dem Hintergrund einer vor dem Lizenzfußball nicht Halt machenden Internationalisierung an Bedeutung. Denn neben den Lizenzierungsverfahren auf nationaler Ebene existiert seit der Saison 2004/2005 ein vergleichbares Lizenzierungsverfahren auf internationaler Ebene.[344] Die hierfür verantwortliche Dachorganisation über die jeweiligen Nationalverbände ist für den europäischen Raum die UEFA. So könnte die

---

[339] Vgl. Littkemann, J., Transferentschädigungen, 2003, S. 162-163.
[340] Dadurch, dass viele Vereine ihre Lizenzspielerabteilung in Kapitalgesellschaften ausgegliedert haben und diese zugleich Beteiligungen an anderen Unternehmen übertragen haben, werden Fußball-Kapitalgesellschaften i.d.R. als konzernrechtliches Unternehmen qualifiziert, vgl. Bäune, S., Kapitalgesellschaften, 2001, S. 143. Exemplarisch hierzu, vgl. *Anhang 5: Konzernabschluss der FC Bayern München AG 2006/2007.*
[341] Derzeit ist der BVB der einzig börsennotiert Fußballverein der Bundesligen, vgl. Panster, C., Fußball-Aktien, (31.10.2008); o.V., Football Index, (31.10.2008). Allerdings ist denkbar, dass einige Bundesligaclubs in naher Zukunft Anleihen oder Genussscheine an einem organisierten Markt platzieren werden und dadurch ebenfalls mit der internationalen Rechnungslegung konfrontiert werden, vgl. Elter, V.-C., Finanzsituation, 2004, S. 115, 118; Zu den ersten Erfahrungen mit dieser Finanzierungsform, vgl. Ernst and Young, Finanzen II, S. 8 (31.10.2008)
[342] Denn neben den unzureichenden gesetzlichen Regelungen bzgl. des Rechnungswesens gemeinnütziger Körperschaften stellen verbandsrechtliche Regelungen eine wichtige Alternative dar, vgl. Galli, A., WPg 1998, S. 56-57.
[343] Vgl. Littkemann, J./Sunderdiek, B., WiSt 1998, S. 254.
[344] Vgl. Eggerstedt, L. T., Lizenzverträge, 2008, S. 33. Zur Durchführung dieses Lizenzierungsverfahrens bedient sich die UEFA allerdings der nationalen Dachverbände, vgl. Galli, A., WPg 2004, S. 193.

UEFA zukünftig ein Interesse daran haben,[345] dass aus Gründen der Vergleichbarkeit hinsichtlich der Erfüllung der Lizenzauflagen, eine international einheitliche Bilanzierung zu Grunde gelegt wird.[346] Obwohl die Bilanzierung nach internationalen Rechnungslegungsgrundsätzen derzeit noch von untergeordneter Bedeutung für die Lizenzvereine der Bundesligen ist, so ist dennoch anzuerkennen, dass sich diese Situation mittel- bis langfristig zugunsten einer international anerkannten Rechnungslegung verschieben könnte.

4.1. Ansatz

Anders als das HGB, das versucht durch einen möglichst hohen Abstraktionsgrad (code law) die Grundlage für die Bilanzierung zu schaffen, bestehen die IAS/IFRS aus einer *Vielzahl detaillierter Einzelfallregelungen* in Form einzelner Rechnungslegungsstandards (case law bzw. common law).[347] Da die Regelungen der einzelnen Standards denen des IASC-Rahmenkonzepts (framework) vorgehen[348] und da diese Standards hinsichtlich der abstrakten- wie auch der konkreten Bilanzierungsfähigkeit zusätzliche Voraussetzungen fordern, erscheint es sinnvoll den für die Bilanzierung von Spielervermögen einschlägigen Standard vorab zu nennen. So herrscht in der Literatur Einigkeit darüber,[349] dass das Spielervermögen nach IAS 38 zu aktivieren ist. Hierdurch erfolgt der bilanzielle Ausweis grds. im Rahmen der immateriellen Vermögenswerte des Anlagevermögens.[350]

Die prinzipielle Ansatzkonzeption der IAS/IFRS ist zweistufig,[351] woran sich auch die nachfolgende Gliederung dieses Kapitels orientiert. Auf der ersten Stufe (abstrakte Aktivierungsfähigkeit) gilt es dabei zu prüfen, ob ein Sachverhalt die Definitionskriterien eines assets erfüllt, welche vorrangig im betreffenden Standard bzw. subsidiär im framework geregelt sind.[352] Auf der zweiten Stufe (konkrete Bilanzierungsfähigkeit) ist sodann zu überprüfen, ob der Vermögenswert auch tatsächlich zum Ansatz gelangt. In Bezug auf der Wertigkeit von Standard und Rahmenkonzept gilt das eben Gesagte.

---

[345] Das momentane Lizenzierungsverfahren der UEFA baut auf den lokalen Rechnungslegungsnormen der Mitgliedsverbände auf, wodurch eine internationale Vergleichbarkeit nicht hergestellt wird, vgl. Galli, A., WPg 2004, S. 196.
[346] Vgl. Homberg, A./Elter, V.-C./Rothenburger, M., KoR 2004, S. 250-251. Momentan ist dies ausdrücklich nicht der Fall, vgl. UEFA, Lizenzierungshandbuch, S. 59 (31.10.2008).
[347] Vgl. Coenenberg, A. G., Jahresabschluss, 2005, S. 51; Heuser, P. J./Theile, C., IAS/IFRS, 2005, Rz. 2; Lüdenbach, N./Hoffmann, W.-D. (Hrsg.), § 1, Rz. 72.
[348] Vgl. Coenenberg, A. G., Jahresabschluss, 2005, S. 59; Heuser, P. J./Theile, C., IAS/IFRS, 2005, Rz. 100; KPMG AG (Hrsg.), IFRS, 2007, S. 9.
[349] Vgl. Elter, V.-C., Spielervermögen, 2004, S. 131; Littkemann, J./Schulte, K./Schaarschmidt, P., StuB 2005, S. 662.
[350] Ausführlich hierzu vgl. Madeja, F., Bilanzierung Spielervermögen, 2007, S. 71-73.
[351] Vgl. Baetge, J./Kirsch, H.-J./Thiele, S., Bilanzen, 2007, S. 183.
[352] Vgl. Baetge, J./Kirsch, H.-J./Thiele, S., Bilanzen, 2007, S. 183. Dies entspricht der abstrakten Aktivierungsfähigkeit, vgl. Heuser, P. J./Theile, C., IAS/IFRS, 2005, Rz. 181.

4.1.1 Abstrakte Aktivierungsfähigkeit

Es ist keineswegs zwingend, dass der Aktivierungsgegenstand nach internationalen Rechnungslegungsstandards dem des deutschen Handels- bzw. Steuerbilanzrechts entspricht. So definiert IAS 38.8/F 49 a einen Vermögenswert als eine unter der *Verfügungsmacht/Kontrolle* des Unternehmens stehende Ressource, die einen *zukünftigen wirtschaftlichen Nutzen* liefert.[353] Diese asset-Definition legt die Kriterien fest, welche für eine abstrakte Bilanzierungsfähigkeit gegeben sein müssen.[354]

Dabei soll der im Mittelpunkt der Definition stehende *zukünftige wirtschaftliche Nutzen* das Potential zum Ausdruck bringen, welches eine Ressource zum Unternehmen beitragen kann, und das sich durch zukünftige Zahlungsmittelzuflüsse konkretisiert (IAS 38.17/F 53). Diese Ressource kann hinsichtlich des Spielervermögens durch zwei Komponenten konkretisiert werden:[355] Zum einen das exklusive Einsatzrecht, welches es dem Verein erlaubt die sportliche Leistungsfähigkeit eines Spielers im Rahmen des Produktionsprozesses (Fußballveranstaltungen als Produkt der Unterhaltungsindustrie) exklusiv zu nutzen.[356] Und zum anderen die Möglichkeit eine vorzeitige Vertragsauflösung von der Zahlung einer Transferentschädigung abhängig zu machen.[357] Fraglich ist, wann dieser wirtschaftliche Vorteil entsteht. Anders als nach deutschen Handelsrecht setzen die IAS/IFRS bereits bei Abschluss des Arbeitsvertrages an.[358] Zwar käme es einer nach F 35 geforderten wirtschaftlichen Betrachtungsweise[359] näher den wirtschaftlichen Vorteil be-

---

[353] Und darüber hinaus das *Ergebnis vergangener Ereignisse* darstellt (F 49 a), 58). Dieses Kriterium dient im Wesentlichen dazu, dass keine schwebenden Geschäfte bilanziert werden, vgl. Heuser, P. J./Theile, C., IAS/IFRS, 2005, Rz. 183. Mit dem abgeschlossenen Arbeitsvertrag liegt dieses Kriterium zweifelsfrei vor, vgl. Hackenberger, J., Fußballspieler, 2008, S. 113.

[354] Vgl. Heuser, P. J./Theile, C., IAS/IFRS, 2005, Rz. 181. Diese sind jedoch ohne größere Aussagekraft, vgl. Lüdenbach, N./Hoffmann, W.-D. (Hrsg.), § 1, Rz. 88.

[355] Vgl. Kalbermatter, A., Sportaktiengesellschaft, 2001, S. 218; Lüdenbach, N./Hoffmann, W.-D., DB 2004, S. 1443; Madeja, F., Bilanzierung Spielervermögen, 2007, S. 69-70; Schmückle, C., Bilanzierung Profifußball, 2008, S. 87.

[356] Dabei ist der Nutzen nicht nur im erwarteten sportlichen Erfolg, sondern auch im wirtschaftlichen Erfolg durch den exklusiven Einsatz des Spielers zu sehen, vgl. Ebel, M./Klimmer, C. (Hrsg.), Fußball-Profis, 2003, S. 256; Galli, A., FB 2003, S. 812; Lüdenbach, N./Hoffmann, W.-D., DB 2004, S. 1443.

[357] Für die Plausibilisierung eines zukünftigen Nutzenzuflusses wird bereits das Vorliegen eines Arbeitsvertrags als hinreichend angesehen, vgl. Madeja, F., Bilanzierung Spielervermögen, 2007, S. 80.

[358] Vgl. Galli, A., FB 2003, S. 812; Homberg, A./Elter, V.-C./Rothenburger, M., KoR 2004, S. 252; Jäger, C., Spielervermögen, 2007, S. 73; Lüdenbach, N./Hoffmann, W.-D., DB 2004, S. 1443; Madeja, F., Bilanzierung Spielervermögen, 2007, S. 69-70, 77; Schmückle, C., Bilanzierung Profifußball, 2008, S. 86.

[359] Denn die Transferzahlung wird erst dann fließen, wenn sich die drei Parteien über alle Modalitäten, wie z.B. Höhe der Ablöse, zukünftiges Gehalt, Handgeld, Wechseltermin etc. einig sind. Dadurch ist quasi sicher, dass der Spieler einen Vertrag beim aufnehmenden Verein unterzeichnen wird.

reits durch die Zahlung einer Ablösesumme begründet zu sehen,[360] doch auf Grund der Tatsache, dass zum Nachweis eines assets alle Eigenschaften kumulativ erfüllt sein müssen, entsteht dieser erst mit Erlangung der *Verfügungsmacht/Kontrolle* (IAS 38.13/F 4 a) zum Zeitpunkt des Vertragsabschlusses.[361] Diese ist dann als gegeben anzusehen, wenn sich das Unternehmen den Nutzen verschaffen und den Zugriff Dritter auf den Nutzen verhindern kann (IAS 38.13). Denn ein Arbeitsvertrag im Profifußball ist befristet, wodurch ein ordentliches Kündigungsrecht ausgeschlossen ist und der Verein zugleich während der Vertragslaufzeit die Verfügungsmacht über den vom Spieler ausgehenden zukünftigen wirtschaftlichen Nutzen erlangt.[362] Im Ergebnis findet somit die Aktivierung nach IAS/IFRS in jedem Fall zu einem früheren Zeitpunkt statt als die nach HGB, da der Vermögenswert nach IAS/IFRS bereits mit Abschluss des Arbeitsvertrags mit dem Spieler entsteht.[363] An dieser Stelle sei darauf hingewiesen, dass der zu bilanzierende Vermögensgegenstand nach IAS/IFRS der aus dem Arbeitsvertrag erwachsende Nutzen und nicht etwa der Spieler selbst bzw. dessen fußballerische Fähigkeit ist,[364] da andernfalls die notwendige Voraussetzung der Kontrolle nicht gegeben ist.

Daneben wird in IAS 38.11 ein weiteres Kriterium[365] für die abstrakte Bilanzierungsfähigkeit als immaterieller Vermögenswert gefordert: Die *Identifizierbarkeit*. Diese dient dazu den immateriellen Vermögenswert klar vom Geschäfts- oder Firmenwert abzugrenzen.[366] Das ist bereits auf Grund der Tatsache möglich, dass der asset erst durch die vertraglich

---

[360] Vgl. Galli, A., Berufsfußball, 1997, S. 279-280; Steiner, E./Gross, B., StuB 2005, S. 531.
[361] Vgl. Homberg, A./Elter, V.-C/Rothenburger, M., KoR 2004, S. 253; Lüdenbach, N./Hoffmann, W.-D., DB 2004, S. 1443; Madeja, F., Bilanzierung Spielervermögen, 2007, S. 77-78; Schmückle, C., Bilanzierung Profifußball, 2008, S. 87; Parensen, A., Transferentschädigungen, 2003, S. 184; Steiner, E./Gross, B., StuB 2005, S. 536.
[362] Vgl. Hackenberger, J., Fußballspieler, 2008, S. 112; Klingmüller, A./Wichert, J., SpuRt 2001, S. 2. Dies widerlegt die Vermutung des IAS 38.15.
[363] Vgl. Madeja, F., Bilanzierung Spielervermögen, 2007, S. 69-70.
[364] Aus Praktikabilitätsgründen sieht Hackenberger den Bilanzierungsgegenstand im Fußballspieler selbst, vgl. Hackenberger, J., Fußballspieler, 2008, S. 99. Mag er bzgl. seiner Auffassung, dass im Rahmen der Folgebewertung auf den hinter dem Vertragsrecht stehenden Fußballprofi abgestellt wird, richtig liegen, so muss dennoch der Fußballspieler selbst als Aktivierungsgegenstand tabu bleiben, vgl. Risse, H., BB 1981. Diese ethischen Grundsätze gelten unabhängig von der zu Grunde gelegten Rechnungslegungskonzeption.
[365] Auf die zusätzlichen Eigenschaften *nicht monetär* bzw. *ohne physische Substanz* des IAS 38.8 wird hier nicht näher eingegangen, da diese in erster Linie zur Abgrenzung zu Zahlungsmitteln bzw. Sachanlagen dienen. Hierzu, vgl. Madeja, F., Bilanzierung Spielervermögen, 2007, S. 70-71. Wenn man allerdings, anders als die hier vertretene Meinung, den Spieler selbst als Aktivierungsgegenstand betrachtet, ist die Eigenschaft *ohne physische Substanz* von wesentlicher Bedeutung, vgl. Hackenberger, J., Fußballspieler, 2008, S. 104-109. Den Menschen selbst als reines Transportmedium seiner (immateriellen) fußballerischen Fähigkeiten zu degradieren ist ethisch nicht vertretbar und daher abzulehnen. Dass dieser Ansatz bereits im Grunde falsch ist, wird auch durch die nicht mit der Würde des Menschen zu vereinbarenden Wortwahl ersichtlich, mit der Hackenberger versucht die Klassifizierung eines Fußballspielers als immaterieller Vermögenswert zu begründen.
[366] Vgl. Heuser, P. J./Theile, C., IAS/IFRS, 2005, Rz. 506-507.

gesicherten Rechte des Arbeitsvertrags entsteht (IAS 38.12 b).[367]

4.1.2. Konkrete Bilanzierungsfähigkeit

Nachdem geklärt wurde, dass der aus dem Arbeitsvertrag mit dem Fußballspieler erwachsende wirtschaftliche Vorteil, welcher unter der Verfügungsmacht der Vereine steht den Vermögenswert darstellt, gilt es nun zu analysieren, ob dieser asset auch tatsächlich zum Ansatz gelangt. Prinzipiell wird diese konkrete Bilanzierungsfähigkeit für einen immateriellen Vermögenswert durch IAS 38.21 a und b/F 89 geregelt.[368] Hiernach bedarf es einerseits der *Wahrscheinlichkeit* des zukünftigen Nutzenzuflusses und zum anderen der *verlässlichen Ermittlung* der Anschaffungs- bzw. Herstellungskosten.

Bzgl. der geforderten *Wahrscheinlichkeit* eines zukünftigen Nutzenzuflusses (IAS 38.21 a/F 85) kann festgestellt werden, dass obwohl nicht vorhergesagt werden kann, ob ein Spieler zukünftig eine Ablösesumme „erwirtschaftet", dennoch davon auszugehen ist, dass der Spieler im Rahmen des Dienstleistungserstellungsprozesses (Einsatz in Fußballspielen) einen Nutzen liefert.[369] Dieses Kriterium ist unabhängig davon als erfüllt anzusehen, ob ein Spieler gegen eine Ablösesumme, ohne Ablösezahlung, oder aus der eigenen Jugend- bzw. Amateurmannschaft in den Profikader wechselt, da dem betroffenen Spieler durch das Vereinsmanagement ein Arbeitsvertrag angeboten wird.[370] Außerdem ist für entgeltlich erworbenes Spielervermögen nach IAS 38.25 die Wahrscheinlichkeit eines zukünftigen Nutzenzuflusses stets als erfüllt anzusehen.

Zusätzlich wird die *Verlässlichkeit* der Bewertung der Anschaffungs- bzw. Herstellungskosten gefordert (IAS 38.21 b/F 86). Hierfür ist zunächst zu klären, ob man den dem Spielervermögen zu Grunde liegenden Aktivierungsgegenstand überhaupt selbst herstellen kann. Bei dieser Frage ist eine Tendenz in der Literatur augenscheinlich. Jene Autoren, die keine Bedenken haben Humankapital zu aktivieren, sehen auch die Möglichkeit die Kosten, die für die Ausbildung von Spielern angefallen sind als Entwicklungskosten[371]

---

[367] Vgl. Hackenberger, J., Fußballspieler, 2008, S. 109-111; Madeja, F., Bilanzierung Spielervermögen, 2007, S. 75. Bzgl. des Zusammenhangs zwischen *Verfügungsmacht* und *Identifizierbarkeit* vgl. Neumeister, F., Bilanzierung von Transferentschädigungen, 2004, S. 179.
[368] Vgl. Heuser, P. J./Theile, C., IAS/IFRS, 2005, Rz. 187-191.
[369] Vgl. Homberg, A./Elter, V.-C./Rothenburger, M., KoR 2004, S. 253-254. Kritik hierzu liefern allerdings Studienergebnisse bzgl. eines über das aktuelle Geschäftsjahr hinausgehenden Nutzens, vgl. Amir, E./Livne, G., JBFA 2005, S. 552, 585; Forker, J., JBFA 2005, S. 597.
[370] Vgl. Hackenberger, J., Fußballspieler, 2008, S. 98.
[371] Zu den Problemen, die hinsichtlich der Abgrenzung von Forschungs- und Entwicklungsphase bei Fußballspielern bestehen, vgl. Lüdenbach, N./Hoffmann, W.-D., DB 2004, S. 1444-1445.

(IAS 38.57) zu aktivieren.[372] Führt man sich allerdings erneut den Aktivierungsgegenstand vor Augen, so muss man feststellen, dass das für die Begründung eines assets notwendige Kriterium der *Verfügungsmacht/Kontrolle* erst durch den Arbeitsvertrag entsteht,[373] und hinsichtlich des Humankapitals „Fußballspieler" bzw. „fußballerische Fähigkeiten" abzulehnen ist. Denn der Aktivierungsgegenstand ist nicht im Spieler an sich zu sehen, sondern in dem aus dem Arbeitsvertrag erwachsenden Recht den Spieler exklusiv einzusetzen bzw. für den Verzicht auf dieses Recht eine Ablösesumme zu verlangen.[374] Dass in der Ausbildung zum Berufsfußballspielers ein Herstellungsvorgang gesehen wird, zielt allerdings auf den Spieler selbst bzw. dessen Fähigkeiten[375] als Aktivierungsgegenstand ab.[376] Dies verkennt einerseits den eigentlichen Aktivierungsgegenstand[377] und ist andererseits nicht mit der Würde des Menschen vereinbar, da hierdurch der Mensch zum bloßen Rechtsobjekt herabgestuft wird.[378] Der nach IAS/IFRS *zu aktivierende asset kann also nicht selbst hergestellt werden*. Denn der Gedanke das exklusive Einsatzrecht und somit den wirtschaftlichen Vorteil, der nach IAS/IFRS aus dem Arbeitsvertrag entsteht, selbst herstellen zu können, mutet doch mehr als befremdend an, zumal es für die Erschaffung dieses Vermögenswertes lediglich einer Unterschrift des Fußballers unter den Arbeitsvertrag bedarf. Eine Möglichkeit zur Herstellung besteht somit nicht. Der asset wird entweder entgeltlich oder unentgeltlich erworben.[379] Die Entgeltlichkeit bestimmt sich dadurch, ob einem Verein Aufwendungen entstehen um einen Spieler zur Arbeitsvertragsunterzeichnung zu bewegen. Die *Verlässlichkeit* der Bewertung hängt wiederum von bestimmten Ausgestaltun-

---

[372] Vgl. Hackenberger, J., Fußballspieler, 2008, S. 99, 117-122; Homberg, A./Elter, V.-C./Rothenburger, M., KoR 2004, S. 262; Lüdenbach, N./Hoffmann, W.-D., DB 2004, S. 1444; Madeja, F., Bilanzierung Spielervermögen, 2007, S. 95-101; Schmid, A., Human Capital, 2005, S. 28-29.
[373] Vgl. Homberg, A./Elter, V.-C./Rothenburger, M., KoR 2004, S. 261.
[374] Vgl. Neumeister, F., Bilanzierung von Transferentschädigungen, 2004, S. 178-179; Steiner, E./Gross, B., StuB 2005, S. 536.
[375] Vgl. Hackenberger, J., Fußballspieler, 2008, S. 107-108.
[376] Sollte man die fußballerischen Fähigkeiten als Aktivierungsgegenstand ansehen, so bleibt die Frage der Bewertung nicht bloß auf vermeintlich *selbst erstelltes* Spielervermögen beschränkt, sondern weitet sich auf den gesamten Profikader aus, da dann auch Trainingskosten, ja sogar laufende Spielergehälter als nachträgliche Anschaffungskosten für die Aktivierung in Frage kämen, vgl. Hackenberger, J., Fußballspieler, 2008, S. 121, 125, 127. Der Umfang der Herstellungskosten ließe sich dann durch das Vereinsmanagement gezielt steuern, vgl. Hackenberger, J., Fußballspieler, 2008, S. 128. Den daraus konsequenten Schluss den bilanziellen Ansatz einer scheinbaren Herstellung zu untersagen, weil diese keiner zuverlässigen Bewertung zugänglich ist, zieht Hackenberger allerdings nicht.
[377] In diesem Zusammenhang wird von technical talent i.S.d. fußballerischen Fähigkeiten gesprochen, vgl. Homberg, A./Elter, V.-C./Rothenburger, M., KoR 2004, S. 262. Als weiterer Neologismus, der diese Fehlinterpretation verdeutlicht ist der Terminus des *Eigenbauspielers* zu sehen, vgl. Neumeister, F., Bilanzierung von Transferentschädigungen, 2004, S. 181.
[378] Vgl. Risse, H., BB 1981, S. 647. Eines expliziten Bilanzierungsverbots bedarf es wegen der Nichtaktivierbarkeit von Humankapital per se nicht, vgl. Steiner, E./Gross, B., StuB 2005, S. 536.
[379] Insofern kann auf die Kategorisierung des Spielererwerbs nach HGB verwiesen werden, vgl. *Tabelle 1*.

gen des Transfers ab. Diese werden nachfolgend im Rahmen der Zugangsbewertung analysiert. Sollte eine verlässliche Bewertung gewährleistet sein, so sind alle Eigenschaften der konkreten Bilanzierungsfähigkeit erfüllt, wodurch das Spielervermögen bilanziell zum Ansatz gelangt.

4.2. Bewertung

Die IAS/IFRS sehen (im Gegensatz zum deutschen Handelsrecht) *keine geschlossene Bewertungskonzeption* vor.[380] Die Bewertungsmaßstäbe des F 100 werden dabei durch die einzelnen Standards ergänzt.[381]

4.2.1. Zugangsbewertung

Im Rahmen der Zugangsbewertung des Spielervermögens muss eine *Fallunterscheidung zwischen entgeltlich- und unentgeltlich erworbenem Spielervermögen* getroffen werden, wie dies bereits im Rahmen der konkreten Bilanzierungsfähigkeit deutlich wurde. Hinsichtlich des unentgeltlich erworbenen Spielervermögens[382] scheint eine Bewertung zu Anschaffungskosten ausgeschlossen (IAS 38.27), da kein Preis für den gesonderten Erwerb entrichtet wurde (IAS 38.25). Einerseits könnte man dies dahingehend interpretieren, dass die Anschaffungskosten somit null Euro betragen,[383] wodurch eine verlässliche Bewertung gewährleistet ist. Somit käme zumindest ein bilanzieller Ansatz zu einem Erinnerungswert in Betracht.[384] Andererseits wird die Meinung vertreten, dass auf Grund fehlender expliziter Regelungen die Erstbewertung zum Marktwert (fair value) erfolgen muss, sofern sich dieser zuverlässig ermitteln lässt.[385] Letztere Auffassung ist dahingehend einzuschränken, dass IAS 38.44 ausdrücklich auf IAS 20 verweist, der wiederum ein Wahlrecht zwischen Bewertung zum Marktwert und Ansatz eines symbolischen Werts bzw. Merkpostens[386] vorsieht (IAS 20.23). Zwar gilt diese Regelung insbesondere für Emissi-

---

[380] Vgl. Coenenberg, A. G., Jahresabschluss, 2005, S. 90.
[381] Vgl. KPMG AG (Hrsg.), IFRS, 2007, S. 18.
[382] Es wäre ein Trugschluss auf Grund des unentgeltlichen Erwerbs/fehlenden Anschaffungskosten dem Spielervermögen die asset-Eigenschaft absprechen zu wollen, da dennoch die Wahrscheinlichkeit des zukünftigen Nutzenzuflusses bereits durch den Arbeitsvertrag begründet wird, vgl. Madeja, F., Bilanzierung Spielervermögen, 2007, S. 93.
[383] Vgl. Hackenberger, J., Fußballspieler, 2008, S. 117. Warum dieser trotz zuverlässiger Bewertbarkeit mit null Euro einen bilanziellen Ansatz abgelehnt, ist nicht ersichtlich.
[384] Gleiches gilt für unentgeltlich erworbene Emissionsrechte, vgl. Hoffmann, W.-D./Lüdenbach, DB 2006, S. 59.
[385] An dieser Stelle sei auf die Ausführungen zur Ermittlung des Nettoveräußerungspreises im Rahmen der Folgebewertung verwiesen, vgl. Gliederungspunkt *4.2.2. Folgebewertung*.
[386] Nach Belieben kann dieser mit null bzw. einem Euro ausgewiesen werden, vgl. Hoffmann, W.-D./Lüdenbach, DB 2006, S. 60.

onsrechte,[387] doch sollte ein Analogieschluss zum Spielervermögen möglich sein,[388] wodurch auch hier ein Bewertungswahlrecht besteht.[389]

In Bezug auf den *entgeltlichen Erwerb* ist wiederum eine *Fallunterscheidung* zwischen *Tausch* und *Erwerb gegen Zahlungsmittel*[390] vorzunehmen. Nach der hier vertretenen Auffassung fällt neben dem Herauskaufen eines Spielers aus einem laufenden Vertrag gegen eine Ablösezahlung auch der Kauf eines ablösefreien Spielers ausschließlich durch eine Handgeldzahlung in die Kategorie entgeltlicher Erwerb gegen Zahlungsmittel.[391] Wenn die Handgeldzahlung ausschließlich dafür fließt, dass der vertraglose Spieler zur Unterzeichnung eines Arbeitsvertrages bewogen wird,[392] dann ist diese Zahlung ebenso wie eine Ablösezahlung als direkte Gegenleistung für den Erwerb von Spielervermögen zu qualifizieren.[393] Falls *also ein Erwerb gegen Zahlungsmittel stattfindet, so ist von einer verlässlichen Bewertbarkeit* auszugehen. Dies zieht den *bilanziellen Ansatz* und die dafür notwendige Bewertung nach sich. Die Bewertung erfolgt mit historischen Anschaffungskosten (IAS 38.27/F 100 a) und entspricht grds. der des Handelsgesetzbuchs.[394] Daher sei an dieser Stelle auf jene Ausführungen verwiesen.[395] Hinsichtlich des Tauschs[396] von Spielervermögen ist IAS 38.45 ausschlaggebend. Demnach sind die Anschaffungskosten eines getauschten immateriellen Vermögenswertes grds. zum fair value zu bewerten,[397] wodurch eine Erfolgswirkung eintritt.[398] Die Verlässlichkeit der Bewertung muss im Ein-

---

[387] Vgl. Hoffmann, W.-D./Lüdenbach, DB 2006, S. 60.
[388] Der einzige Unterschied ist in der Zuwendung durch die öffentliche Hand zu sehen.
[389] Sofern eine zuverlässige Bewertung mit dem fair value gegeben ist.
[390] Dies umfasst das Herauskaufen gegen Zahlung einer Ablösesumme und den Erwerb durch Handgeldzahlung, bzw. eine Kombination beider Varianten.
[391] Gl. A., vgl. Hackenberger, J., Fußballspieler, 2008, S. 123-124.
[392] Entscheidend ist, dass die Handgeldzahlung nicht an zukünftige Gegenleistungen geknüpft ist und der aufnehmende Verein keine Rückforderungsmöglichkeit hat. Diese Kriterien würden zu einer aktivischen Rechnungsabgrenzung führen, vgl. Homberg, A./Elter, V.-C./Rothenburger, M., KoR 2004,S. 255.
[393] Anderer Auffassung ist Madeja, vgl. Madeja, F., Bilanzierung Spielervermögen, 2007, S. 133. Das Argument einer unterschiedlichen Zielsetzung der Handgeldzahlung kann indes nicht überzeugen, da beide Zahlungen auf die Möglichkeit eines Vertragsabschlusses hinzielen.
[394] Vgl. Achleitner, A.- K./Behr, G., IAS, 2003, S. 105; Hackenberger, J., Fußballspieler, 2008, S. 126; Madeja, F., Bilanzierung Spielervermögen, 2007, S. 114 und S. 137; Peemöller, V.H./Faul, K./Schroff, J., BBK 2004, S. 31.
[395] Vgl. Gliederungspunkt 2.2.1. Zugangsbewertung. Ausführlich zur Zugangsbewertung nach IAS/IFRS, vgl. Homberg, A./Elter, V.-C/Rothenburger, M., KoR 2004,S. 254; Madeja, F., Bilanzierung Spielervermögen, 2007, S. 129-148.
[396] I.d.R. werden beim Tauschgeschäft noch zusätzliche weitere Zahlungen fließen, vgl. Madeja, F., Bilanzierung Spielervermögen, 2007, S. 139-140. Man spricht dann von einem Tausch gegen Baraufgabe.
[397] Die weiteren Voraussetzungen des IAS 38.45 sind i.d.R. erfüllt, vgl. Madeja, F., Bilanzierung Spielervermögen, 2007, S. 141-142; Hackenberger, J., Fußballspieler, 2008, S. 157-159, wodurch die erfolgswirksame Behandlung des Tauschgeschäfts letztlich alleine von der zuverlässigen Bestimmung des fair values abhängt.
[398] Vgl. Heuser, P. J./Theile, C., IAS/IFRS, 2005, Rz. 589.

zellfall beurteilt werden und hängt wesentlich davon ab, ob der Zeitwert[399] anhand von Marktpreisen vergleichbarer Transaktionen bestimmt werden kann.[400] Falls dies nicht der Fall sein sollte, muss die Bewertung des getauschten Vermögenswertes mit dem Buchwert des hingegebenen Vermögenswertes erfolgen.[401]

4.2.2. Folgebewertung

Im Rahmen der Folgebewertung sieht IAS 38.72 ein eingeschränktes *Methodenwahlrecht* vor. Demnach kann der Bilanzierende zwischen dem Anschaffungskostenmodell (IAS 38.74) und dem Neubewertungsmodell (IAS 38.75) wählen. Dies ist für die Fußballvereine deshalb äußerst interessant, da die Neubewertungsmethode eine Bewertung des Spielervermögens zum fair value ermöglicht, und somit die Aufdeckung etwaiger stiller Reserven gestattet. Als eingeschränkt bezeichnet man dieses Wahlrecht, weil die Neubewertungsmethode die Existenz eines aktiven Marktes voraussetzt (IAS 38.81). Vorab soll daher geklärt werden, ob dieses Wahlrecht für die Vereine überhaupt in Frage kommt, zumal IAS 38.78 betont, dass für immaterielle Vermögenswerte normalerweise keine aktiven Märkte bestehen. Tatsächlich scheitert Vorliegen eines aktiven Marktes bereits daran, dass die gehandelten Produkte auf dem Transfermarkt im Profifußball keineswegs *homogen* sind (IAS 38.8),[402] da jeder hinter dem gehandelten, exklusiven Einsatzrecht stehende Spieler einen einzigartigen Nutzen liefert. Damit scheidet die Anwendbarkeit der Neubewertungsmethode für das Spielervermögen aus,[403] da alle Voraussetzungen für das Vorliegen eines aktiven Marktes kummulativ erfüllt sein müssen (IAS 38).[404] Demnach steht für die *Folgebewertung* des Spielervermögens *lediglich* das *Anschaffungskostenmodell* zur Verfügung. Hiernach entspricht der anzusetzende Wert den um kumulierte planmäßige Abschreibungen und kumulierte Wertminderungsaufwendungen geminderten (historischen) Anschaffungskosten (IAS 38.74).

---

[399] Grds. des erhaltenen Vermögenswerts (IAS 38.45). Sollte dieser nicht ermittelt werden können ist auf den beizulegenden Zeitwert des hingegebenen Vermögenswerts abzustellen (IAS 38.47).
[400] Vgl. Madeja, F., Bilanzierung Spielervermögen, 2007, S. 142-143.
[401] Vgl. Coenenberg, A. G., Jahresabschluss, 2005, S. 94-95. Denn ein Tausch birgt immer die Gefahr einer Überbewertung. Als unrühmliches Beispiel bilanziellen Fehlverhaltens bei Tauschgeschäften sei hier der italienische Profifußball angeführt, welcher durch die Überbewertung von Spielervermögen bei Tauschgeschäften in erhebliche Probleme geriet, vgl. Hoffmann, W.-D., BC 2006, S. 131; Hoffmann, W.-D., Editorial zu: DB 17/2008; Reiter, G., SpuRt 2008, S. 57.
[402] Vgl. Homberg, A./Elter, V.-C./Rothenburger, M., KoR 2004, S. 257; Hackenberger, J., Fußballspieler, 2008, S. 136; Kessler, H., BB 1996, S. 948.
[403] Vgl. Hackenberger, J., Fußballspieler, 2008, S. 137; Homberg, A./Elter, V.-C./Rothenburger, M., KoR 2004, S. 255. Zum gleichen Ergebnis (trotz abweichender Argumentation) gelangen auch andere Autoren, vgl. Littkemann, J./Schulte, K./Schaarschmidt, P., StuB 2005, S. 662; Neumeister, F., Bilanzierung von Transferentschädigungen, 2004, S. 180.
[404] Daher wird auf eine Behandlung der beiden übrigen Voraussetzungen verzichtet.

4.2.2.1. Planmäßige Abschreibung

Der planmäßigen Abschreibung kommt dabei die Funktion zu den Verbrauch des wirtschaftlichen Nutzens systematisch, d.h. planmäßig über die Nutzungsdauer zu verteilen. Allerdings kommt eine planmäßige Abschreibung nur in Betracht, wenn es sich um einen immateriellen Vermögenswert mit begrenzter Nutzungsdauer handelt (IAS 38.88). Da der wirtschaftliche Vorteil nach IAS/IFRS aus dem befristeten Arbeitsvertrag mit dem Fußballprofi erwächst, liegt diese Voraussetzung zweifelsfrei vor (IAS 38.94). Dadurch erstreckt sich die *Abschreibungsdauer* i.d.R. über die *Vertragslaufzeit*. Für den Fall, dass der Arbeitsvertrag Verlängerungsoptionen vorsieht, fordern IAS 38.94 i.V.m. IAS 38.96 das Vorliegen bestimmter restriktiver Voraussetzungen, welche zumeist nur dann erfüllt sind, wenn der Lizenzverein eine einseitig verlängerbare Option inne hat.[405] In einem solchen Fall erfolgt die Anpassung[406] der Vertragslaufzeit erst dann, wenn von einer so gut wie sicheren Vertragsverlängerung ausgegangen werden kann, also zumeist erst gegen Ende der Vertragslaufzeit.[407] Neben der Nutzungsdauer ist die *Abschreibungsmethode*[408] eine weitere Determinante der Abschreibungshöhe. IAS 38.97 schreibt die lineare Abschreibung immer dann vor, wenn der Verlauf des Nutzenverbrauchs nicht zuverlässig bestimmt werden kann. Da im Profifußball der wirtschaftliche Nutzen des Einsatzrechts eines Spielers wesentlich durch dessen sportliche Leistung beeinflusst wird, ist die *lineare Abschreibungsmethode verpflichtend* anzuwenden ist.[409] Die dritte und letzte Determinante der Abschreibung stellt das *Abschreibungsvolumen* dar, das sich durch Abzug eines etwaigen Restwertes vom Buchwert zu Beginn der Abschreibung ergibt (IAS 38.101). Nach IAS 38.100 ist der Restwert für das Spielervermögen mit null Euro anzusetzen, da weder ein aktiver Markt besteht,[410] noch die Verpflichtung einer dritten Partei den Spielerwert am Ende der Nutzungsdauer abzunehmen.[411] Somit entspricht das Abschreibungsvolumen den historischen Anschaffungskosten. Die Abschreibung beginnt sobald der Vermögenswert verwendet werden kann (IAS 38.97). Dies ist im Lizenzfußball bei Wirksamwerden

---

[405] Vgl. Madeja, F., Bilanzierung Spielervermögen, 2007, S. 186-187.
[406] Nach IAS 38.104 ist die Abschreibungsdauer mindestens zum Ende eines jeden Geschäftsjahres zu überprüfen.
[407] Vgl. Homberg, A./Elter, V.-C./Rothenburger, M., KoR 2004, S. 256.
[408] Ebenso wie die Abschreibungsdauer muss auch die Abschreibungsmethode mindestens einmal jährlich überprüft werden (IAS 38.104).
[409] Vgl. Homberg, A./Elter, V.-C./Rothenburger, M., KoR 2004, S. 256; Madeja, F., Bilanzierung Spielervermögen, 2007, S. 189.
[410] Vgl. hierzu Gliederungspunkt *4.2.2. Folgebewertung*.
[411] Durch das Bosman-Urteil ist nach Ablauf der Vertragslaufzeit ein ablösefreier Wechsel möglich, wodurch sich kein Dritter dazu bereit erklären wird den Vermögenswert am Ende der Vertragslaufzeit zu erwerben.

des Arbeitsvertrags, also beim Arbeitsantritt des Profifußballers der Fall.[412] Die Abschreibung endet häufig mit dem Ende der Nutzungsdauer, also mit Auslaufen des Arbeitsvertrags. In Ausnahmefällen, wie sie z.b. bei einem „Fehlkauf" vorliegen, der weiterveräußert werden soll, ist die Abschreibung dann zu beenden, wenn der Vermögenswert als zur *Veräußerung gehalten* klassifiziert wird.[413] Dies ist im Lizenzfußball immer dann der Fall, wenn ein Spieler mit noch laufenden Arbeitsvertrag auf die Transferliste gesetzt wird.

4.2.2.2. Außerplanmäßige Abschreibung

Des Weiteren gilt es im Rahmen der Folgebewertung festzustellen, ob neben der planmäßigen Abschreibung noch *außerplanmäßiger Wertminderungsbedarf* besteht (IAS 38.74). Ein solcher *impairment test* erfolgt durch die Anwendung des IAS 36 (IAS 38.111). Ein Werthaltigkeitstest ist immer dann vorzunehmen, wenn Anzeichen dafür vorliegen, dass das Spielervermögen wertgemindert sein könnte. Eine Überprüfung, ob derartige Anzeichen vorliegen, muss an jedem Bilanzstichtag durchgeführt werden (IAS 36.9). IAS 36.12 führt dazu eine nicht abschließende Liste auf, die bei der Beurteilung mindestens zu berücksichtigen ist. Erst wenn eines dieser Anzeichen vorliegt wird ein Werthaltigkeitstest ausgelöst. Ohne näher auf die in dieser Liste genannten Anhaltspunkte eingehen zu wollen,[414] sei erwähnt, dass neben den Gründen, die handelsrechtlich zu einer außerplanmäßigen Abschreibung führen auch andere Sachverhalte als Auslöser eines Werthaltigkeitstests für das Spielervermögen in Frage kommen, wie z.B. leichte bis mittelschwere Verletzungen.[415]

Wird ein Werthaltigkeitstest ausgelöst, gilt es zu testen, ob der *erzielbare Betrag* unter dem *Buchwert* eines Vermögenswerts liegt um eine Überbewertung zu vermeiden (IAS 36.1). Nur wenn der erzielbare Betrag den Buchwert unterschreitet, ist zwingend eine erfolgswirksame außerplanmäßige Abschreibung in Höhe des Differenzbetrages vorzunehmen (IAS 36.59). Definitionsgemäß ist nach IAS 36.6 i.V.m. IAS 36.18 der erzielbare Betrag der höhere Betrag aus einem Vergleich zwischen Nettoveräußerungspreis (IAS 36.25) und Nutzungswert (IAS 36.30).[416] Es kommt also nur zu einer außerplanmäßigen Wertminde-

---

[412] Dieser Zeitpunkt fällt zumeist nicht mit dem des Vertragsabschlusses zusammen, da die DFL die Möglichkeit einräumt bereits sechs Monate vor Vertragsablauf einen neuen Arbeitsvertrag (für die kommende Spielzeit ohne Zustimmung des bisherigen Vereins zu schließen, vgl. DFL, LOS § 5 Nr. 1, S. 8-9 (31.10.2008).
[413] Der Ausweis erfolgt dann nach IAS 5.38 im Umlaufvermögen, vgl. Madeja, F., Bilanzierung Spielervermögen, 2007, S. 220.
[414] Für einen Überblick vgl. Hackenberger, J., Fußballspieler, 2008, S. 138-139.
[415] Vgl. Madeja, F., Bilanzierung Spielervermögen, 2007, S. 192.
[416] Damit entspricht die Konzeption des erzielbaren Betrags der aus der Unternehmensbewertung übernommenen Überlegung welche Alternative das höchste Nutzenpotential eines Vermögens-

rung, wenn beide Alternativen zu Werten unterhalb des Buchwertes führen. Dabei ist der erzielbare Betrag generell für den einzelnen Vermögenswert zu bestimmen (IAS 36.22), es sei denn der einzelne Vermögenswert erzeugt keine unabhängigen Mittelzuflüsse (IAS 36.67 b). Tatsächlich ist es im Lizenzfußball ein Ausnahmefall, dass ein einzelner Spieler solche Mittelzuflüsse erzeugt,[417] wodurch sich der Werthaltigkeitstest auf die übergeordnete zahlungsmittelgenerierende Einheit verlagert (IAS 36.67). Diese zahlungsmittelgenerierende Einheit ist im gesamten Verein bzw. dessen Lizenzspielerabteilung zu sehen,[418] da die für einen Fußballverein wesentlichen Umsatzträger alle in Interdependenz zur Leistung der Profimannschaft stehen.[419] Die Ermittlung des Nutzungswertes entspricht einer in der Unternehmensbewertung eingesetzten Discounted Cashflow-Methode.[420] Auf Details soll an dieser Stelle verzichtet werden.[421] Denn generell gilt: Je größer man die zahlungsmittelgenerierende Einheit fasst,[422] desto größer ist auch der Saldierungsbereich von Chancen und Risiken,[423] wodurch die Erfassung eines Wertminderungsaufwandes zugleich unwahrscheinlicher wird. Dies trifft insbesondere auf die sehr weit gefasste zahlungsmittelgenerierende Einheit im Lizenzfußball zu. Für den Fall, dass auf Ebene der zahlungsmittelgenerierenden Einheit keine Wertminderung vorliegt, verbietet IAS 36.107 b ausdrücklich die Erfassung eines Wertminderungsaufwands für den einzelnen Vermögenswert.

Diese aufwendige Ermittlung des Nutzungswertes[424] kann sich der Bilanzierende sparen, falls er im Rahmen der Ermittlung des erzielbaren Betrags zuerst[425] den Nettoveräuße-

---

werts liefert, vgl. Heuser, P. J./Theile, C., IAS/IFRS, 2005, Rz. 703. Dies unterstellt rationales Handel, vgl. Lutz-Ingold, M., immaterielle Güter, 2005, S. 217-218.

[417] Lediglich im Falle einer Ausleihe kann damit ein Nutzungswert als Barwert der künftigen Ausleihgebühren ermittelt werden, vgl. Hoffmann, W.-D., BC 2006, S. 132.

[418] Vgl. Elter, V.-C., Spielervermögen, 2004, S. 131; Hoffmann, W.-D., BC 2006, S. 132; Homberg, A./Elter, V.-C./Rothenburger, M., KoR 2004, S. 260; Littkemann, J./Schulte, K./Schaarschmidt, P., StuB 2005, S. 663. Kritisch hierzu Ballwieser, W./Beine, F./Hayn, S. u.a., 2008, Abschn. 8, Rn. 92.

[419] Vgl. Lüdenbach, N./Hoffmann, W.-D., DB 2004, S. 1445.

[420] Vgl. Heuser, P. J./Theile, C., IAS/IFRS, 2005, Rz. 737. Dabei sollte die geforderten Cashflow-Prognose (IAS 36.33) auf Grundlage der im Lizenzierungsverfahren der DFL geforderten Unterlagen stattfinden, vgl. DFL, LO, § 8 Nr. 1 d), S. 14 (31.10.2008); Madeja, F., Bilanzierung Spielervermögen, 2007, S. 207.

[421] Ausführlich zur Ermittlung des Nutzungswerts, vgl. Hackenberger, J., Fußballspieler, 2008, S. 147-153; Madeja, F., Bilanzierung Spielervermögen, 2007, S. 202-210.

[422] Dabei wird die zahlungsmittelgenerierende Einheit keineswegs willkürlich festgelegt, sondern nach IAS 36.8 als kleinste identifizierbare Gruppe von Vermögenswerten bestimmt, die unabhängige Mittelzuflüsse erzeugen.

[423] Vgl. Kirsch, H., Jahresabschlussanalyse, 2007, S. 63.

[424] I.d.R. ist der Nettoveräußerungspreis einfacher zu bestimmen als der Nutzungswert, vgl. Lutz-Ingold, M., immaterielle Güter, 2005, S. 222.

[425] Prinzipiell steht die Reihenfolge dem Bilanzierenden frei, vgl. Homberg, A./Elter, V.-C./Rothenburger, M., KoR 2004, S. 260. Doch weißt IAS 36.19 darauf hin, dass die Ermittlung

rungspreis[426] bestimmt und dieser bereits größer als der Buchwert ist (IAS 36.19). Nach IAS 36.25 ist der bestmögliche Hinweis für den Nettoveräußerungspreis ein bindender Kaufvertrag. Dies ist zum einen deshalb unmöglich, weil der Lizenzspieler dann vorher auf die Transferliste gesetzt werden müsste und dadurch eine Umklassifizierung zum Umlaufvermögen erfolgen müsste, wodurch der Werthaltigkeitstest im Rahmen des IAS 38.111 überflüssig wäre.[427] Zum anderen ist ein bindendes Angebot eines anderen Vereins[428] unwahrscheinlich, zumal Anhaltspunkte vorliegen (IAS 36.9 i.V.m. IAS 36.12), wie z.B. Verletzungen, die einen Werthaltigkeitstest überhaupt erst notwendig machen. Da auch die Herleitung von Preisen aus einem aktiven Markt scheitert, bleibt eine Herleitung auf Grundlage der besten verfügbaren Informationen (IAS 36.27). Dabei wird gefordert die Ergebnisse der jüngsten Transaktionen für ähnliche Vermögenswerte zu berücksichtigen. Diese Ähnlichkeit ist allerdings im Lizenzfußball nicht gegeben, da hinter dem aus dem Arbeitsvertrag erwachsenden Einsatzrecht einzelne Spieler als Individuum stehen. Jedoch wurden in der Literatur zahlreiche Modelle entwickelt, die versuchen eine objektivierte individuelle finanzielle Spielerbewertung auf Grundlage des Vergleichspreisverfahrens zu erreichen.[429] Das sich dabei ergebende Kernproblem ist in der Vergleichbarkeit der Transaktionen zu sehen.[430] Solange die wertbildenden Faktoren nicht zweckentsprechend klassifiziert und in einer Datenbank durch die DFL gesammelt werden, wie dies von *Galli* gefordert wird,[431] ist faktisch die Ermittlung eines Nettoveräußerungspreises durch das Vergleichspreisverfahren ausgeschlossen, da den Vereinen die notwendigen Informationen bzgl. vergleichbarer Transaktionen fehlen.[432] Notwendige Voraussetzung für eine objektivierte Wertermittlung wäre somit die Erstellung und kontinuierliche Pflege einer Datenbank durch die DFL bzw. den DFB.[433] Es darf also durchaus bezweifelt wer-

---

des Nutzungswerts aus wirtschaftlichen Gründen unterbleiben kann, falls bereits der Nettoveräußerungspreis über dem Buchwert liegt.

[426] Der Nettoveräußerungspreis stellt den Preis dar, der bei einem Verkauf unter Marktbedingungen erzielt werden könnte, vgl. Heuser, P. J./Theile, C., IAS/IFRS, 2005, Rz. 735.

[427] Vgl. Hackenberger, J., Fußballspieler, 2008, S. 143; Heuser, P. J./Theile, C., IAS/IFRS, 2005, Rz. 736.

[428] Nicht ausreichend ist die Festlegung der Ablösesumme im Sinne eines Mindestverkaufspreises im Arbeitsvertrag, da diese einseitig (vom Verein) festgelegt wird und dadurch nicht dem Unabhängigkeitspostulat des IAS 36.25 entspricht, vgl. Hackenberger, J., Fußballspieler, 2008, S. 143-144.

[429] Vgl. Elter, V.-C., Horizont Sports Business 3/2003, S. 30; Galli, A., FB 2003, S. 816; Galli, A., WISU 2005, S. 646-648; KPMG AG, Edit Value 3/2004, S. 27; KPMG AG, Fußballtransfermarkt, S. 3, (31.10.2008);

[430] Vgl. Elter, V.-C., Horizont Sports Business 3/2003, S. 30.

[431] Vgl. Galli, A., FB 2003, S. 817; Elter erachtet es für notwendig diese Datenbank auf europäischer Ebene (UEFA) einzuführen um eine sinnvolle Grundgesamtheit zu erreichen, vgl. Elter, V.-C., Horizont Sports Business 3/2003, S. 30.

[432] Vgl. Madeja, F., Bilanzierung Spielervermögen, 2007, S. 201.

[433] Vgl. Elter, V.-C., Horizont Sports Business 3/2003, S. 30; Galli, A., FB 2003, S. 817.

den, dass Marktpreise, die sich auf Grund solcher Bewertungsmodelle für einzelne Spieler ergeben aussagekräftig sind.[434]

Auf Grund dieser fehlenden Schätzungsgrundlagen scheitert die Ermittlung des Nettoveräußerungspreises[435] einzelner Spieler.[436] Gleiches gilt für den Nettoveräußerungspreis der übergeordneten Zahlungsmittelgenerierenden Einheit, da hierbei die selben Probleme wie auf Ebene des einzelnen Lizenzspielers auftreten.[437] In Verbindung mit der Tatsache, dass die Ermittlung des Nutzungswertes grds. auf Ebene des Vereins/der Lizenzspielerabteilung durchgeführt wird (IAS 36.20), wird sich die Erfassung eines Wertminderungsaufwandes in der Praxis auf Ausnahmefälle beschränken.[438]

4.3. Zwischenfazit

Nach IAS/IFRS wurde im Rahmen der abstrakten Aktivierungsfähigkeit das bereits durch den Arbeitsvertrag zugesicherte vertragliche Recht als *Nutzen* stiftender Aktivierungsgegenstand analysiert. Die notwendige Voraussetzung der *Verfügungsmacht* (IAS 38.13) sowie die der *Identifizierbarkeit* (IAS 38.12 b) sind zweifelsfrei gegeben.

Die konkrete Bilanzierungsfähigkeit (IAS 38.21) betreffend stellt die geforderten *Wahrscheinlichkeit* eines zukünftigen wirtschaftlichen Nutzenzuflusses (IAS 38.21 a) kein Aktivierungshindernis dar, da dieser bereits durch den Abschluss eines Arbeitsvertrags als plausibilisiert gilt. Gleiches gilt für die *Zuverlässigkeit* der Bewertung (IAS 38.21 b), allerdings mit der Einschränkung, dass für getauschtes und unentgeltlich erworbenes Spielervermögen eine Zugangsbewertung mit dem fair value unterbleiben muss, da keine zuverlässige Bewertung möglich ist.

Die Zugangsbewertung erfolgt bei *entgeltlich erworbenen Spielervermögen zu Anschaffungskosten* bzw. beim *Tausch zu fortgeführten Buch*werten. Beim *unentgeltlichen Erwerb*

---

[434] Vgl. Hoffmann, W.-D., BC 2006, S. 131-132.
[435] Da somit auch der fair value nicht zuverlässig ermittelt werden kann, scheidet ein Ansatz mit dem fair value im Rahmen des Tauschgeschäfts, sowie beim unentgeltlichen Erwerb aus, vgl. Gliederungspunkt *4.1.2. Konkrete Bilanzierungsfähigkeit*. Gleiches gilt für das Wahlrecht beim Erwerb von unentgeltlichen Spielervermögen.
[436] Die Bestimmung eines Nettoveräußerungspreises auf Ebene der cash generating unit scheitert generell bereits an Bestimmungen des Ligastatuts, vgl. Hackenberger, J., Fußballspieler, 2008, S. 145-147.
[437] Außerdem steht der Veräußerung eines gesamten Vereins/Lizenzspielerabteilung die sog. „50 + 1-Regelung" entgegen, vgl. Müller, C., Wettbewerbsintegrität, 2004, S. 31-32.
[438] Als ein solcher Ausnahmefall kann z.B. die Sportinvalidität sein, die zu einer Vollabschreibung des betreffenden Spielers führt, vgl. Hackenberger, J., Fußballspieler, 2008, S. 143. Deshalb wird auf nähere Ausführungen zur Wertaufholung nach IAS/IFRS verzichtet. Hierzu vgl. Hackenberger, J., Fußballspieler, 2008, S. 153-155; Madeja, F., Bilanzierung Spielervermögen, 2007, S. 230.

grds. zum *Erinnerungswert*. Bei der *Folgebewertung* scheitert die Anwendung der Neubewertungsmethode an deren restriktiven Voraussetzungen (IAS 38.75), welche der Transfermarkt im Profifußball nicht erfüllt. Somit ist das *Anschaffungskostenmodell* anzuwenden (IAS 38.74). Die *planmäßige Abschreibung* betreffend wird die *lineare Methode* vorgeschrieben (IAS 38.97), wobei grds. von der *Vertragslaufzeit als Abschreibungsdauer* ausgegangen wird und sich das *Abschreibungsvolumen aus der Zugangsbewertung* ergibt. Durch das spezielle *Konzept* des IAS 36.1 zur Ermittlung des Wertminderungsbedarfs bleibt in der Praxis der *Bedarf* zu *außerplanmäßigen Abschreibungen* im Rahmen der Folgebewertung auf *Ausnahmefälle* beschränkt.

5. Vergleich der Rechnungslegungskonzeptionen und Fazit

Um einen sachgerechten Vergleich hinsichtlich der bilanziellen Behandlung von Spielervermögen zwischen Handels- und Steuerbilanz einerseits und einer nach IAS/IFRS aufgestellten Bilanz andererseits ziehen zu können, muss sich ein solcher *Vergleich notwendigerweise auf die Ebene der abstrakten Aktivierungsfähigkeit beschränken*. Denn wie die vorausgegangenen Ausführungen gezeigt haben, erfüllt die Spielgenehmigung die an einen Vermögensgegenstand gestellten Anforderungen nicht, wodurch ein *bilanzieller Ansatz in der Handelsbilanz und der Steuerbilanz ausgeschlossen ist*. Dass die *Bundesligavereine* indes einen *anderen Weg einschlagen* und die im Rahmen des Spielererwerbs entstandenen Aufwendungen aktivieren, *ist für einen sachgerechten Vergleich unbeachtlich*, da bei der Frage nach einer ordnungsmäßigen Bilanzierung die *induktive Methode*, also die erfahrungswissenschaftliche Ableitung der GoB aus der Praxis, allgemein *abgelehnt* wird.[439] Dadurch muss sich der Vergleich zwischen den Rechnungslegungskonzeptionen auf die Frage beschränken, warum nach IAS/IFRS das Spielervermögen zum Ansatz gelangt, wohingegen dies für die Handelsbilanz/Steuerbilanz abzulehnen ist.

Die Ursache hierfür ist schnell gefunden: Denn der *asset-Begriff* der IAS/IFRS ist *weiter gefasst* als der Begriff des Vermögensgegenstands.[440] Dies liegt v.a. an der w*eiten Konzeption der Identifizierbarkeit nach IAS/IFRS*, die es erlaubt ein vom Geschäfts- oder Firmenwert separierbares Recht, wie die Spielgenehmigung, auch dann anzusetzen wenn die für das Vorliegen eines Vermögensgegenstands geforderte Einzelverwertbarkeit nicht gege-

---

[439] Vgl. Baetge, J./Kirsch, H.-J./Thiele, S., Bilanzen, 2007, S. 108; Beck´scher Bilanz-Kommentar, 2006, § 243, Anm. 12-13.
[440] Vgl. Beck´scher Bilanz-Kommentar, 2006, § 246, Anm. 202; Heuser, P. J./Theile, C., IAS/IFRS, 2005, Rz. 186.

ben ist.[441] Hinzu kommt, dass gemäß des nach internationalen Rechnungslegungsgrundsätzen anerkannten *matching principle* (F 95) zusammengehörende Aufwendungen und Erträge der gleichen Rechnungslegungsperiode zuzuordnen sind.[442] Hingegen gilt im deutschen Handelsrecht nichts Vergleichbares, das ganz allgemein zu einer solchen Verlagerung der Ausgaben im Sinne einer aktiven Rechnungsabgrenzung führt.[443]

Zieht man *dennoch* einen *Vergleich* zwischen der *tatsächlichen Bilanzierung* des Spielervermögens nach HGB und der nach IAS/IFRS, so gelangt man zu dem Ergebnis, dass sich die *bilanzielle Behandlung des Spielervermögens* in beiden Rechnungslegungskonzeptionen *weitestgehend entspricht*. Der *Ausweis* erfolgt jeweils innerhalb der *immateriellen Vermögensgegenstände des Anlagevermögens*. Die Bewertung des entgeltlich erworbenen Spielervermögens geschieht zu *Anschaffungskosten*, wobei auch nach IAS/IFRS eine von den Vereinen wegen der Aufdeckung der stillen Reserven angestrebte *fair value Bewertung unterbleiben muss*.

Im Verhältnis zwischen *Handels- und Steuerbilanz* bewegt sich die Diskussion bzgl. der Aktivierbarkeit der Spielgenehmigung auf dem *umstrittenen Gebiet der Abgrenzung zwischen Vermögensgegenstand und Wirtschaftsgut*. Legt man die Aussagen der Finanzrechtssprechung[444] sowie die derzeit herrschende Auffassung zu Grunde, wonach sich Vermögensgegenstand und Wirtschaftsgut entsprechen, so *kann man zu keinem anderen Ergebnis für die Steuerbilanz gelangen* ohne jene Aussagen als bloße Lippenbekenntnisse zu entlarven. Konsequenterweise muss man daher das BFH-Urteil vom 26.8.1992 als einen *Periodisierungsversuch* eines *Nonvaleurs* ablehnen.[445]

Gleiches gilt daher auch für die *Bilanzierungspraxis der meisten Lizenzvereine* der Bundesligen, die eine Aktivierung der im Rahmen des Erwerbs der Spielgenehmigung angefallenen Aufwendungen in Handels- und Steuerbilanz vornehmen. Gefördert durch die Finanzrechtssprechung wird dieses bilanzielle Fehlverhalten vom DFB bzw. der DFL billigend in Kauf genommen. Dies liegt wohl auch daran, dass gerade durch o.g. BFH-Urteil eine Angleichung der bis dato beschränkten deutschen Bilanzierungsmöglichkeiten im

---

[441] Vgl. Hennrichs, J., DB 2008, S. 539.
[442] Vgl. Coenenberg, A. G., Jahresabschluss, 2005, S. 70; Heuser, P. J./Theile, C., IAS/IFRS, 2005, Rz. 116; Lüdenbach, N./Hoffmann, W.-D. (Hrsg.), § 1, Rz. 117, § 9, Rz. 4.
[443] Vgl. Beck´scher Bilanz-Kommentar, 2006, § 243, Anm. 35; BFH vom 29.10.1969, BStBl. 1970 II, S. 178 (S. 179).
[444] Vgl. BFH vom 26.2.1975, BStBl. 1976 II, S. 13 (S. 13); BFH vom 26.10.1987, BStBl. 1988 II, S. 348 (S. 352); BFH vom 7.8.2000, BStBl. 2000 II, S. 632 (S. 635).
[445] Obgleich die Finanzverwaltung noch immer an o.g. Urteil festhält ist interessanterweise nicht mehr vom Bestehen eines Vermögensgegenstands die Rede, vgl. OFD Frankfurt/Main vom 6.5.2008, EStB 2008, S. 321.

Profifußball an internationale Gepflogenheiten erreicht wurde. Vor dem Hintergrund, dass sich deutsche Lizenzvereine auch in wirtschaftlichen Belangen an der internationalen Konkurrenz messen lassen müssen, kam dieses BFH-Urteil sehr gelegen um ein Gleichgewicht der Kräfte auf dem stark internationalisierten Fußballmarkt herbeizuführen. Dennoch kann dies nicht darüber hinwegtäuschen, dass in den Bilanzen deutscher Lizenzvereine das Spielervermögen eigentlich nicht ausgewiesen werden dürfte. Diese Position „Spielerwerte", welche in der Saison 2006/2007 immerhin 16,4 Prozent der Bilanzsumme ausmachte,[446] müsste daher ertragswirksam abgeschrieben werden. Hinsichtlich des UEFA-Lizenzierungsverfahrens, das die wirtschaftliche Leistungsfähigkeit als Zulassungsvoraussetzung auf Grund nationaler Rechnungslegungsvorschriften beurteilt,[447] wäre eine solche Korrektur ein nicht zu unterschätzender Wettbewerbsnachteil im Vergleich zu anderen Nationalverbänden,[448] die eine Aktivierung von Spielervermögen auf IAS/IFRS Basis zulassen. Die Tatsache, dass alle Beteiligten mit der Ist-Situation bestens bedient sind, degradiert die Diskussion über den bilanziellen Ansatz von Spielervermögen zu einem theoretischen Diskurs.

Mittel- bis langfristig ist davon auszugehen, dass die UEFA aus Vergleichbarkeitsgründen eine Internationalisierung der Rechnungslegung im Profifußball vorschreiben wird,[449] wodurch auch deutschen Fußballunternehmen eine über alle Zweifel erhabene Legitimation zur Aktivierung von Spielervermögen geliefert würde.

---

[446] Vgl. *Anhang 4: Bilanzanalyse.*
[447] Die UEFA trifft keine verbindliche Aussage bzgl. der bilanziellen Behandlung von Spielervermögen, vgl. UEFA, Lizenzierungshandbuch, S. 78 (31.10.2008).
[448] Ohnehin wirkt sich das deutsche Steuerrecht wettbewerbsverzerrend aus, indem es eine uneingeschränkte Steuerpflicht bei Wohnsitznahme eines Profifußballspielers in Deutschland begründet, vgl. Müller, C., Bundesliga-Magazin 5/2008, S. 48.
[449] Vgl. Homberg, A./Elter, V.-C./Rothenburger, M., KoR 2004, S. 250-251.

Anhang

Anhang 1: Lizenzspielerstatut

Nachfolgender Auszug entstammt dem Lizenzspielerstatut des DFB auf dem Rechtsstand von 1992.[450]

VII. Spielerlaubnis und Vereinswechsel

§ 26 a

Spielerlaubnis für Lizenzspieler

1. Die Erteilung der Spielerlaubnis für einen Lizenzspieler ist von dem Verein, der den Spieler verpflichtet hat, beim Liga-Ausschuß schriftlich zu beantragen.
2. Dem Antrag ist unverzüglich stattzugeben, wenn
    a) dem Liga-Ausschuß ein wirksamer Arbeitsvertrag zwischen Verein und Spieler vorliegt,
    b) die Sporttauglichkeit gem. § 12 c nachgewiesen ist,
    c) die Aufnahme des Spielers in die Transferliste bekanntgegeben oder der Spieler vereinseigen ist und
    d) keine anderweitigen rechtlichen Bindungen als Spieler an einen anderen Lizenzverein mehr bestehen. Liegen anderweitige rechtliche Bindungen vor, wird die Spielberechtigung zugunsten des Vereins erteilt, der zuerst einen wirksamen schriftlichen Arbeitsvertrag beim DFB vorgelegt hat. Maßgebend ist der Zugang bei der DFB-Geschäftsstelle.
3. ...
4. Die Spielerlaubnis des Spielers erlischt mit dem Tag der Beendigung des Arbeitsvertrags.

...

VIII. Transferbestimmungen für Lizenzspieler und Amateure

§ 29

Transferentschädigungen

1. Ein Verein der Lizenzligen, der einen Spieler eines anderen Vereins unter Vertrag nimmt, ist zur Zahlung einer Transferentschädigung an diesen Spieler verpflichtet, bei Vertragsschluss mit Amateuren gegebenenfalls auch an mehrere frühere Vereine des Spielers.

Die Verpflichtung entfällt, wenn der anspruchsberechtigte Verein durch Vertrag mit

---

[450] Auszug aus: DFB, LSpSt, 1992, S. 255-263.

dem DFB auf seinen Anspruch verzichtet oder seinen Anspruch an einen Dritten abtritt, verpfändet oder treuhänderisch überträgt oder sich verpflichtet, an einen Dritten zu zahlen.

Die Zahlungspflicht bleibt bestehen, wenn der DFB der Abtretung, der Verpfändung, der treuhänderischen Übertragung oder der Verpflichtung, an einen Dritten zu zahlen, zustimmt. Die Zustimmung soll vom DFB immer dann erteilt werden, wenn sichergestellt ist, dass die Abtretung der Pfändung, treuhänderische Übertragung oder Verpflichtung, an einen Dritten zu zahlen, an ein Kreditinstitut im Sinne von § 1 KWG erfolgt ist und derjenige Betrag, der den banküblichen Sicherungszweck übersteigt, dem abgebenden Verein zufließt.

Die Fälligkeit der Zahlung richtet sich in erster Linie nach den zwischen den Vereinen getroffenen Vereinbarungen. Andernfalls wird sie vorm Inkrafttreten des Arbeitsvertrags – falls zeitlich später liegend – von der Zustellung des Schiedsspruches des Gutachters oder der Rechtskraft einer gemäß § 32 getroffenen Entscheidung bestimmt.

Die Wirksamkeit des Arbeitsvertrags darf nicht von einer bestimmten Höhe und/oder Einigung über die Transferentschädigung abhängig gemacht werden.

2. ….

§ 30
Transferbestimmungen für Lizenzspieler

1. Transferbestimmungen für Lizenzspieler können zwischen dem abgebenden und dem aufnehmenden Verein frei vereinbart werden.

Die Abtretung, Verpfändung oder treuhänderische Übertragung der Ansprüche des abgebenden Vereins auf Zahlung einer Transferentschädigung gemäß § 29 Nr. 1 oder ein damit vergleichbares Rechtsgeschäft ist nur mit vorheriger Zustimmung des DFB zulässig. Sie wird erteilt, wenn sichergestellt ist dass derjenige Betrag, der den bankenüblichen Sicherungszweck übersteigt, dem abgebenden Verein zufließt. Eine Umgehung wird geahndet (§ 19).

§ 31
Transferentschädigung bei fristloser Kündigung

Abweichend von den Vorschriften des § 30 hat der abgebende Verein bei rechtswirksamer fristloser Kündigung durch den Lizenzspieler einen Anspruch auf Transferentschädigung in Höhe der vereinbarten Bruttobezüge des laufenden Vertragsjahres.

Anhang 2: Jahresabschluss der FC Bayern München AG 2006/2007

Der nachfolgende Auszug ist eine stark verkürzte Version aus dem elektronischen Bundesanzeiger

...

FC Bayern München AG
München
Jahresabschluss zum 30. Juni 2007

Anhang

A. Inhalt und Gliederung des Jahresabschlusses

Der Jahresabschluss für das Geschäftsjahr 2006/2007 (01.07.2006-30.06.2007) wurde nach den Vorschriften des deutschen Handelsgesetzbuches aufgestellt. Zudem waren die ergänzenden Bestimmungen des Aktiengesetzes zu beachten.

...

Die Untergliederung der Position A. I. „Immaterielle Vermögensgegenstände" wurde um den Posten „Spielerwerte" erweitert.

...

B. Grundsätze der Bilanzierung und Bewertung
...
B. 2. Bewertungsmethoden
Grundsätze

...

Anlagevermögen

Die Vermögensgegenstände des immateriellen Anlage- und Sachanlagevermögens werden zu Anschaffungskosten bzw. Herstellungskosten - vermindert um nutzungsbedingte planmäßige und außerplanmäßige Abschreibungen - bewertet. Die planmäßigen Abschreibungen erfolgen nach der linearen bzw. degressiven Methode in Anlehnung an die steuerlichen Abschreibungstabellen. Von den steuerlichen Vereinfachungsregeln zur Vollabsetzung der geringwertigen Wirtschaftsgüter im Jahr des Zugangs wird Gebrauch gemacht.

Bei der Neuverpflichtung von Spielern an die abgebenden Vereine gezahlte Transferentschädigungen wurden als immaterielle Vermögensgegenstände aktiviert. Die betriebsgewöhnliche Nutzungsdauer für dieses abnutzbare Wirtschaftsgut bemisst sich ausschließlich nach der Laufzeit des Anstellungsvertrages.

Anhang 3: Jahresabschluss der Borussia Dortmund GmbH & Co. KGaA

Der nachfolgende Auszug ist eine stark verkürzte Version aus dem elektronischen Bundesanzeiger

BORUSSIA
DORTMUND

BORUSSIA DORTMUND GmbH & Co. KGaA
Dortmund
Jahresabschluss Juli 2006-Juni 2007
KGaA Jahresabschluss

ANHANG

...

BILANZIERUNGS- UND BEWERTUNGSGRUNDSÄTZE

Anlagevermögen

Immaterielle Vermögensgegenstände wurden zu Anschaffungskosten, vermindert um planmäßige Abschreibungen, die sich an der voraussichtlichen Nutzungsdauer orientieren, oder dem niedrigeren beizulegenden Wert bewertet. Die hier ausgewiesenen Spielerwerte wurden unter Berücksichtigung des BFH-Urteils vom 26. 8. 1992, I R 24/91 und des am 21. 9. 2001 in Kraft getretenen "Status und Transfer von Spielern", abgefasst im FIFA-Zirkular Nr. 769 v. 24. 8. 2001, zu Anschaffungskosten bewertet und linear entsprechend der individuellen Vertragslaufzeit der Anstellungsverträge der Lizenzspieler abgeschrieben.

...

Anhang 4: Bilanzanalyse

Die nachfolgenden Abbildungen sind aus dem Bundesligareport 2008 entnommen.[451]

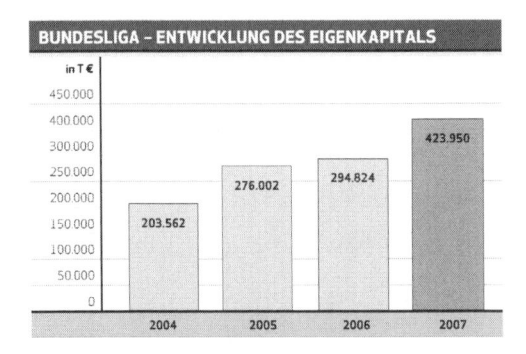

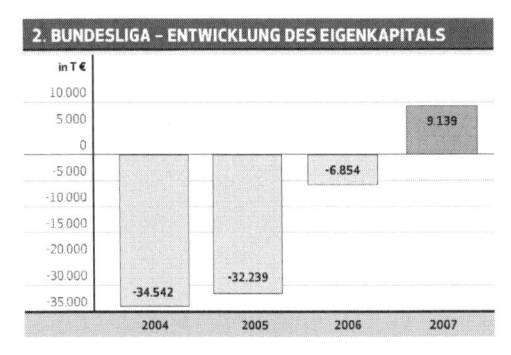

BUNDESLIGA – ENTWICKLUNG DES EIGENKAPITALS (in T€)
- 2004: 203.562
- 2005: 276.002
- 2006: 294.824
- 2007: 423.950

2. BUNDESLIGA – ENTWICKLUNG DES EIGENKAPITALS (in T€)
- 2004: -34.542
- 2005: -32.239
- 2006: -6.854
- 2007: 9.139

Somit beträgt das Eigenkapital der beiden Lizenzligen 433 089 000 Euro.

---

[451] Vgl. DFL, Bundesliga Report 2008, S. 160-163.

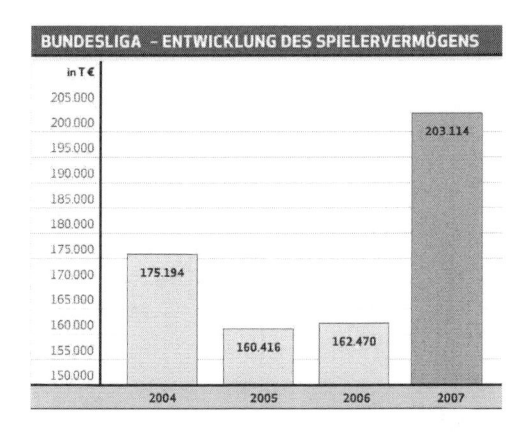

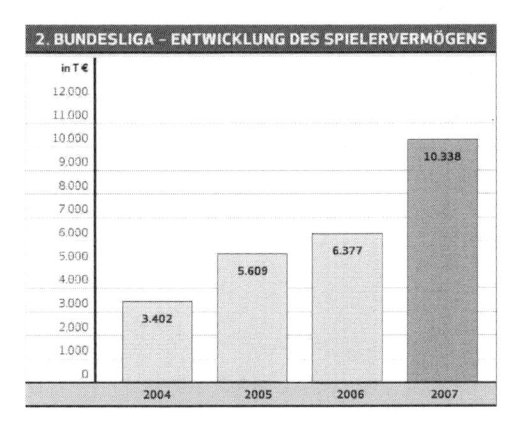

BUNDESLIGA – ENTWICKLUNG DES SPIELERVERMÖGENS

in T€

Jahr	Wert
2004	175.194
2005	160.416
2006	162.470
2007	203.114

2. BUNDESLIGA – ENTWICKLUNG DES SPIELERVERMÖGENS

in T€

Jahr	Wert
2004	3.402
2005	5.609
2006	6.377
2007	10.338

Das in beiden Lizenzligen aktivierte Spielervermögen beträgt 213 452 000 Euro.

BUNDESLIGA – AKTIVA IN T€				
	30.06.2004	30.06.2005	30.06.2006	30.06.2007
Immaterielle Vermögensgegenstände	12.366	7.422	10.333	11.728
Spielervermögen	175.194	160.416	162.470	203.114
Sachanlagevermögen	178.182	197.859	186.483	191.163
Finanzanlagevermögen	220.014	301.900	331.079	348.432
Forderungen, Vorräte, Wertpapiere	248.508	197.537	215.867	228.637
Kasse/Bank	129.636	127.791	152.369	164.379
Aktive Rechnungsabgrenzung	22.950	22.312	15.855	23.222
Summe	986.850	1.015.237	1.074.455	1.170.676

2. BUNDESLIGA – AKTIVA IN T€				
	30.06.2004	30.06.2005	30.06.2006	30.06.2007
Immaterielle Vermögensgegenstände	216	2.853	1.271	1.335
Spielervermögen	3.402	5.609	6.377	10.338
Sachanlagevermögen	55.782	41.879	52.438	39.823
Finanzanlagevermögen	14.400	8.685	3.739	8.268
Forderungen, Vorräte, Wertpapiere	21.078	29.507	28.032	40.317
Kasse/Bank	8.262	15.361	13.348	33.324
Aktive Rechnungsabgrenzung	828	1.220	1.174	1.144
Summe	103.968	105.315	106.379	133.549

Die Bilanzsumme der Lizenzligen beträgt 1 304 225 000 Euro.

Eigenkapitalquote $= \dfrac{Eigenkapital}{Gesamtkapital} = \dfrac{433\,089\,000}{1\,304\,225\,000} = 33{,}2\,\%$

Bereinigte Eigenkapitalquote $= \left[\dfrac{(Eigenkapital - Spielervermögen)}{(Gesamtkapital - Spielervermögen)} \right]$

$= \left[\dfrac{(433\,089\,000 - 213\,452\,000)}{(1\,304\,225\,000 - 213\,452\,000)} \right] = 20{,}1\,\%$

Erklärung: Bei der bereinigten Eigenkapitalquote geht man davon aus, dass das Spielervermögen eigentlich keinen Vermögenswert darstellt und die damit zusammenhängenden Aufwendungen unmittelbar als Aufwand verrechnet werden müssen.

Quote des Spielervermögens $= \dfrac{Spielervermögen}{Gesamtvermögen} = \dfrac{213\,452\,000}{1\,304\,225\,000} = 16{,}4\,\%$

Erklärung: Die Quote des Spielervermögens gibt den relativen Anteil des Spielervermögens am Gesamtvermögen wieder.

Anhang 5: Konzernabschluss der FC Bayern München AG 2006/2007

Der nachfolgende Auszug ist eine stark verkürzte Version aus dem elektronischen Bundesanzeiger

FC Bayern München AG Konzern

München

Jahresabschluss zum 30. Juni 2007

Konzernlagebericht für das Geschäftsjahr 2006/2007

A. Geschäft und Rahmenbedingungen

Die FC Bayern München AG ist Mutterunternehmen des Konzerns.

Tochterunternehmen sind die Allianz Arena München Stadion GmbH, Allianz Arena Payment GmbH und die Arena Stadion Beteiligungs GmbH & Co. KG.

Die FC Bayern München AG und die TSV München von 1860 GmbH & Co. KGaA hatten bei Gründung der Allianz Arena München Stadion GmbH jeweils 50 % des Stammkapitals übernommen. Aufgrund wirtschaftlicher Schwierigkeiten der TSV München von 1860 GmbH & Co. KGaA im Frühjahr 2006 wurde deren Geschäftsanteil zum Kauf angeboten. Zum 27.04.2006 wurde dieses Angebot von der FC Bayern München AG und der Arena Stadion Beteiligungs GmbH & Co. KG angenommen. Seitdem hält der FC Bayern München AG Konzern alle Geschäftsanteile der Allianz Arena München Stadion GmbH.

Literaturverzeichnis

Achleitner, A.-K./Behr, G. (IAS, 2003), International Accounting Standards - Ein Lehrbuch zur internationalen Rechnungslegung, 3. Aufl., München 2003

Adler, H./Düring, W./Schmaltz, K., Rechnungslegung und Prüfung der Unternehmen, Kommentar zum HGB, AktG, GmbHG, PublG nach den Vorschriften des Bilanzrichtlinien-Gesetzes, 11. Aufl., Stuttgart 2007

Amir, E./Livne, G., Accounting, Valuation and Duration of Football Player Contracts, in: JBFA 2005, S. 549-586

Anderson, V. (Bilanzierung, 1965), Grundsätze ordnungsgemäßer Bilanzierung in der Rechtssprechung der Finanzgerichte, Heidelberg 1965

Arens, W., Transferbestimmungen im Fußballsport im Lichte des Arbeits- und Verfassungsrechts, in: SpuRt 1994, S. 179-188

Arens, W., Der Fall Bosman – Bewertung und Folgerung aus der Sicht des nationalen Rechts, in: SpuRt 1996, S. 39-43

Baetge, J., Kirsch, H.-J., Thiele, S. (Bilanzen, 2007), 9. Aufl., Düsseldorf 2007

Ballwieser, W./Beine, F./Hayn, S. u.a., Wiley-Kommentar zur internationalen Rechnungslegung nach IFRS, 4. Aufl., Weinheim 2008

Bäune, S. (Kapitalgesellschaften, 2001),Kapitalgesellschaften im bundesdeutschen Lizenzfußball – Die Rechtslage nach den DFB-Reformen vom 23./24.10.1998, Aachen 2001

Beck'scher Bilanz-Kommentar, 6. Aufl., München 2006

Bohnau, M. (Vereinswechsel, 2003), Der Vereinswechsel des Lizenzfußballspielers in arbeitsrechtlicher Betrachtung, Bielefeld 2003

Brast, C./Stübinger, T. (Sportmanagement, 2005), Verbandsrechtliche Grundlagen des Sportmanagements in der Fußball-Bundesliga, in: : Schewe, G./Littkemann, J. (Hrsg.), Sportmanagement, 2. Aufl., Schorndorf 2005, S. 23-52

Bundesregierung (BilMoG-E), Gesetzesentwurf – Entwurf eines Gesetzes zur Modernisierung des Bilanzrechts (Bilanzrechtsmodernisierungsgesetz – BilMoG), http://www.bundesrat.de/cln_090/SharedDocs/Drucksachen/2008/0301-400/344-08,templateId=raw,property=publicationFile.pdf/344-08.pdf (30.10.2008)

Carsten, H. (Umwandlung von Lizenzspielerabteilungen, 2001), Umwandlung con Lizenzspielerabteilungen in Kapitalgesellschaften – Notwendigkeit und Darstellung unter Berücksichtigung des Umwandlungssteuergesetzes, in: Sigloch,

J./Klimmer, C. (Hrsg.), Unternehmen Profifußball – Vom Sportverein zum Kapitalmarktunternehmen, Wiesbaden 2001, S. 59-86

Clever, S. (Abbildung von Spielerwerten, 2005), Die Abbildung von Spielerwerten in den Bilanzen der Klubs der Fußballbundesligen, Darmstadt 2005

Coenenberg, A.G. (Jahresabschluss, 2005), Jahresabschluss und Jahresabschlussanalyse – Betriebswirtschaftliche, handelsrechtliche, steuerrechtliche und internationale Grundsätze – HGB, IFRS und US-GAAP, 20. Auflage, Stuttgart 2005

Coenenberg, A. G./Haller, A./Mattner, G./Schultze, W. (Rechnungswesen, 2007), Einführung in das Rechnungswesen – Grundzüge der Buchhaltung und Bilanzierung, 2. Aufl., Stuttgart 2007

DFB (LSpSt, 1992), Lizenzspielerstatut, in: DFB, Satzung und Ordnungen, Frankfurt am Main, Stand: 1992, S. 255-263

DFB (Musterarbeitsvertrag), Musterarbeitsvertrag, http://www.dfb.de/uploads/media/Mustervertrag_Vertragsspieler_03-2008.pdf (30.10.2008)

DFB (Satzung), Satzung, http://www.dfb.de/uploads/media/02_Satzung_02.pdf (30.10.2008)

DFB (Verfahrensordnung), Rechts- und Verfahrensordnung, http://www.dfb.de/uploads/media/07_Rechts-Verfahrensordnung_02.pdf (30.10.2008)

DFL (Anhang VII b zur LO), Anhang VII b: Anforderungen an die Berichterstattung durch Wirtschaftsprüfer über die Prüfung des Jahresabschlusses von Vereinen und Kapitalgesellschaften, http://www.dfl.de/media/native/dfl/ligastatut/neue_lo_26_02_/anhang_vii_b_z ur_lo_2006-12-08_stand.pdf (30.10.2008)

DFL (Anhang VII zur LO), Anhang VII: Anforderungen an die Berichterstattung durch Wirtschaftsprüfer über die Prüfung des Jahres-/Zwischenabschlusses von Vereinen und Kapitalgesellschaften, http://www.dfl.de/media/native/dfl/ligastatut/august_2007/anhang_vii_zur_lo_ 2007-08-07_stand.pdf (30.10.2008)

DFL (Bundesliga Report 2008), DFL Bundesliga Report 2008, http://www.dfl.de/media/native/newsletter/_dfl_bundesliga_report_2008.pdf (30.10.2008)

DFL (Kapitalgesellschaft), DFL lizenziert 20. Kapitalgesellschaft im Profifußball, http://www.bundesliga.de/de/liga/news/2008/index.php?f=0000106244.php (30.10.2008)

DFL (LO), Lizenzierungsordnung, http://www.dfl.de/media/native/dfl/ligastatut/neue_lo_26_02_/lizenzierungsordnung_lo_2007-11-21_stand.pdf (30.10.2008)

DFL (LOS), Lizenzordnung Spieler, http://www.dfl.de/media/native/dfl/ligastatut/neue_lo_26_02_/lizenzordnung_spieler_los_2007-08-07_stand.pdf (30.10.2008)

DFL (Spielbetriebs-GmbH), DFL erteilte 19. Spielbetriebs-GmbH die Lizenz, http://www.bundesliga.de/de/liga2/news/2007/index.php?f=86626.php (30.10.2008)

Dietzen, N. (GoB, 1937), Grundsätze ordnungsmäßiger Bilanzierung für stille Reserven, Leipzig 1937

Ebel, M./Klimmer, C. (UEFA, 2001), UEFA-weite Einführung nationaler Lizenzierungsverfahren, in: Sigloch, J./Klimmer, C. (Hrsg.), Unternehmen Profifußball – Vom Sportverein zum Kapitalmarktunternehmen, Wiesbaden 2001, S. 179-204

Ebel, M./Klimmer, C. (Hrsg.) (Fußball-Profis, 2003), Fußball-Profis in der Bilanz ihrer Arbeitgeber – eine kritische Bestandsaufnahme der handels- und steuerrechtlichen Regelungen unter Berücksichtigung der neuen Transferregelungen, in: Sigloch, J./Klimmer, C. (Hrsg.), Rechnungslegung und Besteuerung im Sport, Wiesbaden 2003, S. 243-281

Eggerstedt, L. T. (Lizenzverträge, 2008), Probleme der Lizenz- und Schiedsgerichtsverträge im deutschen Beruffußball – Unter Berücksichtigung der neuen UEFA-Clublizenzierungsvorschriften, Baden-Baden 2008

Ellrott, H./Galli, A., Neuregelung der Rechnungslegung und Prüfung im deutschen Berufsfußball, in: WPg 2000, S. 269-278

Elter, V.-C., Vorbild Schwacke-Liste, in: Horizont Sports Business 3/2003, S. 30

Elter, V.-C. (Finanzsituation, 2004), Die Finanzsituation in der 1. und 2. Bundesliga, in: WGZ-Bank eG/KPMG AG AG (Hrsg.), FC €uro AG – Fußball und Finanzen, 4. Aufl., Düsseldorf/München 2004, S. 87-126

Elter, V.-C.(Spielervermögen, 2004), Die objektivierte Ermittlung von Marktwerten für Spielervermögen, in: WGZ-Bank e.G./KPMG AG AG (Hrsg.), FC €uro AG – Fußball und Finanzen, 4. Auflage, Düsseldorf/München 2004, S. 127-138

Ernst and Young AG (Finanzen I), Bälle, Tore und Finanzen: Wege aus dem finanziellen Abseits, http://www.ey.com/Global/assets.nsf/Germany/Studie_Fussball_2004/$file/Studie_Fussball.pdf (30.10.2008)

Ernst and Young AG (Finanzen II), Bälle, Tore und Finanzen II: Aktuelle Herausforderungen und Perspektiven im Profifußball, http://www.ey.com/Global/assets.nsf/Germany/Studie_Fussball_2005/$file/Fussball_2005.pdf (30.10.2008)

Ernst and Young AG (Finanzen V), Bälle, Tore und Finanzen V, http://www.ey.com/Global/assets.nsf/Germany/Studie_Fussball_2008/$file/Fussballstudie_2008.pdf (30.10.2008)

Fabri, S. (Grundsätze, 1986), Grundsätze ordnungsmäßiger Bilanzierung entgeltlicher Nutzungsverhältnisse, Bergisch Gladbach, Köln 1986

Federmann, R. (Bilanzierung, 2000), Bilanzierung nach Handels- und Steuerrecht, 11. Aufl., Berlin 2000

Federmann, R./Kußmaul, H./Müller, S. (Hrsg.), Handbuch der Bilanzierung, Freiburg 1960, Stand: März 2008

FIFA (Status), FIFA-Reglement bezüglich Status und Transfer von Spielern http://www.dfb.de/uploads/media/16_FIFA_Reglement_Spielerst_02.pdf (30.10.2008)

Fischer, T. M., Marktpreisorientierte Bewertung von Humankapital im Profi-Sport - Theoretische Grundlagen und empirische Analyse der deutschen Fußball-Bundesliga, in: FB 2006, S. 311-321

Forker, J., Discussion of Accounting, Valuation and Duration of Football Player Contracts, in: JBFA 2005, S. 587-598

Frank, C. (Lizenzspielabteilungen, 2001), Ausgliederung von Lizenzspielabteilungen in der Praxis, in: Sigloch, J./Klimmer, C. (Hrsg.), Unternehmen Profifußball – Vom Sportverein zum Kapitalmarktunternehmen, Wiesbaden 2001, S. 95-102

Freericks, W. (Bilanzierungsfähigkeit, 1976), Bilanzierungsfähigkeit und Bilanzierungspflicht in Handels- und Steuerbilanz, Köln, Berlin, Bonn u.a. 1976

Galli, A. (Berufsfußball, 1997), Das Rechnungswesen im Berufsfußball – Eine Analyse des Verbandsrechts des Deutschen Fußball Bundes unter Berücksichtigung der Regelungen in England, Italien und Spanien, Düsseldorf 1997

Galli, A., Zur Ausgestaltung der Rechnungslegung von Vereinen – Die Vorgehensweise des Deutschen-Fußball-Bundes, in: WPg 1998, S. 56-63

Galli, A., Individuelle finanzielle Spielerbewertung im Teamsport, in: FB 2003, S. 810-820

Galli, A., Finanzielle Berichterstattung im Sport: Das Lizenzierungsverfahren der UEFA, in: WPg 2004, S. 193-200

Galli, A., Human-Resource-Bewertung im Teamsport, in: WISU 2005, S. 645-649

Geenen, E. (Bundesliga Manager, 1999), Berufsprofil Bundesliga-Manager – Anforderungen, Kompetenzen, Probleme, in: Schaffrath, M. (Hrsg.), Die Zukunft der Bundesliga – Management und Marketing im Profifußball, Göttingen 1999, S. 149-160

Graumann, M./Maier, T., Besonderheiten der Jahresabschlussanalyse bei Fußballunternehmen, in: BBK 2004, S. 1135-1146

Hackenberger, J. (Fußballspieler, 2008), Professionelle Fußballspieler in der internationalen Rechnungslegung – Eine ökonomische Analyse, Frankfurt am Main, Berlin, Bern u.a. 2008

Hennrichs, J., Immaterielle Vermögensgegenstände nach dem Entwurf des Bilanzrechtsmodernisierungsgesetzes (BilMoG), in: DB 2008, S. 537-542

Heuser, P. J./Theile, C. (IAS/IFRS, 2005), IAS/IFRS Handbuch – Einzel- und Konzernabschluss, 2. Aufl., Köln 2005

Hoffmann, W.-D., Die Bilanzierung von Fußballprofis, in: BC 2006, S. 129-132

Hoffmann, W.-D., Die Eigenkapitalproduktion bei Fußballprofivereinen, Editorial zu: DB 23/2006

Hoffmann, W.-D., Wozu bilanzieren?, Editorial zu: DB 17/2008

Hoffmann, W.-D./Lüdenbach, N., Die Bilanzierung von Treibhausgas-Emissionsrechten im Rechtsvergleich, in: DB 2006, S. 57-62

Holzhäuser, F., Der strukturelle Aufbau professioneller Sportligen nach Ausgliederung aus Bundesfachsportverbänden, in: SpuRt 2004, S. 144-148

Homberg, A./Elter, V.-C./Rothenburger, M., Bilanzierung von Humankapital nach IFRS am Beispiel des Spielervermögens im Profisport, in: KoR 2004, S. 249-263

Hüttemann, R., Transferentschädigungen im Lizenzfußball als Anschaffungskosten eines immateriellen Wirtschaftsguts, in: DStR 1994, S. 490-495

IDW, Zur bilanziellen Behandlung von Transferentschädigungszahlungen, in: FN-IDW 1988, S. 111-112

Jacobs, O. H., Zum Problem der Rechtssicherheit und Tatbestandsmäßigkeit der Besteuerung bei der Bilanzierung in der Ertragssteuerbilanz, in: StuW 1969, S. 634-658

Jäger, C. (Spielervermögen, 2007), Das Spielervermögen in der Rechnungslegung des Profifußballs - Grundlagen, Analyse, Praxis., Saarbrücken 2007

Jansen, R., Transferentschädigungen im Lizenzfußball, in: DStR 1994, S. 1217-1219

Kählert, J.-P./Lange, S., Zur Abgrenzung immaterieller von materiellen Vermögensgegenständen, in: BB 1993, S. 613-618

Kaiser, T., Die Behandlung von Spielerwerten in der Bilanz und im Überschuldungsstatus im Profifußball, in: DB 2004, S. 1109-1112

Kalbermatter, A. (Sportaktiengesellschaft, 2001), Die Sportaktiengesellschaft - Mit Schwerpunkt Bilanzierung der Spieler, Zürich 2001

Kania, N./Moriz, N., Der praktische Fall – Arbeitsrecht: Ein bedingter und befristeter Arbeitsvertrag, in JuS 1996, S. 517-552

Kelber, M., Die Transferpraxis beim Vereiswechsel im Profifußball auf dem Prüfstand, in: NZA 2001, S. 11-16

Kessler, H., Teilwertabschreibung auf Spielgenehmigungen für Lizenzspieler? Replik zum Beitrag von Andreas Söffing: Bilanzierung und Abschreibung von Transferzahlungen im Lizenzfußball, BB 1996, 523 ff., in: BB 1996, S. 947-950

Kirsch, H. (Jahresabschlussanalyse, 2007), Finanz- und erfolgswirtschaftliche Jahresabschlussanalyse nach IFRS - Aussagefähigkeit und Einfluss der IFRS-Rechnungslegung, 2. Aufl., München 2007

Klingmüller, A./Wichert, J., Die Zulässigkeit von Ablösesummen für vertraglich gebundene Profifußballspieler, in: SpuRt 2001, S. 1-4

Knobbe-Keuk, B. (Bilanzrecht, 1993), Bilanz- und Unternehmenssteuerrecht, 9. Aufl., Köln 1993

Körner, W., Bilanzierung bei unentgeltlichem Erwerb, in: BBK 1998, S. 481-487

Korthals, J. P. (Fußballunternehmen, 2005), Bewertung von Fußballunternehmen – Eine Untersuchung am Beispiel der Fußballbundesliga, Wiesbaden 2005

KPMG AG, Schwacke-Liste für Profifußballer – Bewertungsverfahren für Kuranyi und Co., in: Edit Value 3/2004, S. 27-28

KPMG AG (Fußballtransfermarkt), Der Fußballtransfermarkt – Objektivierbare Ermittlung von Marktwerten des Spielervermögens, http://www.KPMG.de/media/ICE-FussballSnapshot-Fussballtransfermarkt.pdf (30.10.2008)

Kracht, R. (Kicker), Kicker gehören in die Bilanz, http://www.capital.de/finanzen/steuern/kolumne/100013531.html?eid=100011 880 (30.10.2008)

Kronner, M., Entgeltlicher Erwerb und Erwerb im Tauschwege bei immateriellen Wirtschaftsgütern des Anlagevermögens, in: DStR 1996, S. 1185-1191

Kruse, H. W. (Aktivierungsfragen, 1978), Aktivierungsfragen – von der statischen zur dynamischen Bilanzauffassung und zurück?, in: Deutsches Anwaltsinstitut e.V. (Hrsg.), Jahrbuch der Fachanwälte für Steuerrecht 1978/1979, Herne/Berlin 1978, S. 172-185

Kussmaul, H., Sind Nutzungsrechte Vermögensgegenstände bzw. Wirtschaftsgüter? Auch eine Stellungnahme zu dem Beitrag von D. E. Meyer-Scharenberg, BB 1987 S. 874-877, in: BB 1987, S. 2053-2065

Küting, K./Ellmann, D. (Vermögen, 2008), Immaterielles Vermögen, in: Küting. K./Pfitzer, N./Weber, C.-P., Das neue deutsche Bilanzrecht – Handbuch für den Übergang auf die Rechnungslegung nach dem Bilanzrechtsmodernisierungsgesetz (BilMoG), Stuttgart 2008, S. 243-276

Küting, K./Tesche, T. (Zurechnung, 2008), Wirtschaftliche Zurechnung in: Küting. K./Pfitzer, N./Weber, C.-P., Das neue deutsche Bilanzrecht – Handbuch für den Übergang auf die Rechnungslegung nach dem Bilanzrechtsmodernisierungsgesetz (BilMoG), Stuttgart 2008, S. 157-183

Küting, K./Ulrich, A., Abbildung und Steuerung immaterieller Vermögensgegenstände (Teil I) – Wertreiber im normativen Zwangskorsett, in: DStR 2001, S. 953-960

Küting, K./Weber, C.-P. (Hrsg.) (Rechnungslegung, 2002), Handbuch der Rechnungslegung - Einzelabschluss, Kommentar zur Bilanzierung und Prüfung, Bd. 1a, 5. Aufl., Stuttgart 2002, Stand August 2005

Lamers, A. (Aktivierungsfähigkeit, 1981), Aktivierungsfähigkeit und Aktivierungspflicht immaterieller Werte, München 1981

Leffson, U. (GoB, 1987), Die Grundsätze ordnungsmäßiger Buchführung, 7. Auflage, Düsseldorf 1987

Lemke, W. (Ohnmacht der Vereine, 1999), Alle Macht den Spielern, oder: Die Ohnmacht der Vereine – Das Bosman-Urteil und die Folgen für die Liga, in: Schaffrath, M. (Hrsg.), Die Zukunft der Bundesliga – Management und Marketing im Profifußball, Göttingen 1999, S. 111-126

Littkemann, J.(Transferentschädigungen, 2003), Ökonomische Probleme der bilanziellen

Behandlung von Transferentschädigungen in der Fußball-Bundesliga, in: Dietl, H. M. (Hrsg.), Globalisierung des wirtschaftlichen Wettbewerbs im Sport, Schorndorf 2003, S. 141-166

Littkemann, J./Schaarschmidt, P., Probleme der bilanziellen Behandlung von Transferentschädigungen nach Handels- und Steuerrecht, in: StuB 2002, S. 372-380

Littkemann, J./Schaarschmidt, P. (Transferentschädigungen, 2005) in: Schewe, G./Littkemann, J. (Hrsg.), Sportmanagement, 2. Aufl., Schorndorf 2005, S. 83-98

Littkemann, J./Schulte, K./Schaarschmidt, P., Außerplanmäßige Abschreibungen auf Spielerwerte im Profifußball: Theorie und Praxis, in: StuB 2005, S. 660-666

Littkemann, J./Sunderdiek, B., Besonderheiten der Rechnungslegung bei Vereinen der Fußball-Bundesliga, in: WiSt 1998, S. 253-255

Lüdenbach, N./Hoffmann, W.-D., "Der Ball bleibt rund" – Der Profifußball als Anwendungsfeld der IFRS-Rechnungslegung, in: DB 2004, S. 1442-1447

Lüdenbach, N./Hoffmann, W.-D. (Hrsg.), IFRS-Kommentar, 5. Aufl., Freiburg, München, Berlin u.a. 2007

Lutz-Ingold, M. (immaterielle Güter, 2005), Immaterielle Güter in der externen Rechnungslegung – Grundsätze und Vorschriften zur Bilanzierung nach HGB, DRS und IAS/IFRS, Wiesbaden 2005

Madeja, F. (Bilanzierung Spielervermögen, 2007), Bilanzierung von „Spielervermögen" nach HGB und IAS/IFRS, Hamburg 2007

Maier, F. (Organisation, 1995), Rechtsfragen der Organisation im Verbands- und Berufssport – Dargestellt am Beispiel des Deutschen Fußball-Bundes und der National Football League in den USA, Bayreuth 1995

Moxter, A., Aktivierungsgrenzen bei „immateriellen Anlagewerten", in: BB 1978, S. 821-825

Moxter, A. (Bilanztheorie, 1984), Bilanzlehre, Band I: Einführung in die Bilanztheorie, Wiesbaden 1984

Moxter, A. (Bilanzrechtsprechung, 2007), Bilanzrechtsprechung, 6. Auflage, Tübingen 2007

Moxter, A., Aktivierungspflicht für selbsterstellte immaterielle Anlagewerte?, in: DB 2008, S. 1514-1517

Müller, C. (Praxis der bilanziellen Behandlung, 2003), Die Praxis der bilanziellen Behandlung von Transferentschädigungen in der Bundesliga, in: Dietl, H. M. (Hrsg.),

Globalisierung des wirtschaftlichen Wettbewerbs im Sport, Schorndorf 2003, S. 191-204

Müller, C. (Wettbewerbsintegrität, 2004), Wettbewerbsintegrität als Oberziel des Lizenzierungsverfahrens der Deutschen Fußball Liga GmbH, in: Zieschang, K./Klimmer, C., Unternehmensführung im Profifußball – Symbiose von Sport, Wirtschaft und Recht, Berlin 2004, S. 19-44

Müller, C., Ungleicher Wettbewerb – Gegenüber europäischen Konkurrenten hat der deutsche Profifußball erhebliche Nachteile – er kann Topspieler nicht mit Steuervorteilen locken, wie zum Beispiel die Clubs in Spanien oder England, in Bundesliga-Magazin 5/2008, S. 48-51

Neumeister, F. (Bilanzierung von Transferentschädigungen, 2004), Die Bilanzierung von Transferentschädigungen im Berufsfußball, Köln 2004

o.V. (Football Index), Dow Jones STOXX® Football, http://www.stoxx.com/indices/components.html?symbol=FCTP (30.10.2008)

Oberthür, N. (Transfersystem, 2002), Das Transfersystem im Lizenzfußball, Jena 2002

Panster, C. (Fußball-Aktien), Fußball-Aktien: Nur für die ganz Harten, http://www.handelsblatt.com/finanzen/bulle-baer/fussball-aktien-nur-fuer-die-ganz-harten;2022619 (30.10.2008)

Parensen, A. (Transferentschädigungen, 2003), Transferentschädigungen im Kontext von HGB und IAS – Korreferat zum Beitrag von Jörn Littkemann, in: Dietl, H. M. (Hrsg.), Globalisierung des wirtschaftlichen Wettbewerbs im Sport, Schorndorf 2003, S. 167-189

Peemöller, V.H./Faul, K./Schroff, J., IFRS-Lexikon (II. Stichworte), in BBK 2004, S. 21-707

Pfeiffer, T., Begriffsbestimmung uns Bilanzierungsfähigkeit des immateriellen Wirtschaftsguts, in: StuW 1984, S. 326-339

Reiter, G., Zur Frage der Bilanzierbarkeit einer „Spielerlaubnis" im Lizenzfußball, in: SpuRt 2004, S. 55-59

Risse, H., Von der Würde des Menschen, in: BB 1981, S. 647

Roland, H., (Vermögensgegenstandsbegriff, 1980), Der Begriff des Vermögensgegenstands im Sinne der handelsrechtlichen und aktienrechtlichen Rechnungslegungsvorschriften, Göttingen 1980

Schmalenbach, E. (Bilanzlehre, 1925), Grundlagen dynamischer Bilanzlehre, 3. Aufl., Leipzig 1925

Schmid, A. (Human Capital, 2005), Ansätze zur monetären Bewertung von Human Capital am Beispiel der Fußball-Bundesliga, Ingolstadt 2005

Schmidt, L., Einkommensteuergesetz, 26. Aufl., München 2007

Schmidt, M. (Lizenzierungsverfahren, 2004), Bedeutung des Lizenzierungsverfahrens für Vereine – dargestellt am Beispiel des VfB Stuttgart 1893 e.V., in: Zieschang, K./Klimmer, C. (Hrsg.), Unternehmensführung im Profifußball – Symbiose von Sport, Wirtschaft und Recht, Berlin 2004, S. 45-60

Schmückle, C. (Bilanzierung Profifußball, 2008), Bilanzierung und Bewertung von Humankapital am Beispiel des Profifußballs in Deutschland, Bremen 2008

Simon, H. V. (Bilanzen, 1899), Die Bilanzen der Aktiengesellschaft und der Kommanditgesellschaft auf Aktien, 3. Aufl., Berlin 1899

Söffing, G. (Wirtschaftsgut, 1978), Zum Begriff Wirtschaftsgut, in: Deutsches Anwaltsinstitut e.V. (Hrsg.), Jahrbuch der Fachanwälte für Steuerrecht 1978/1979, Herne/Berlin 1978, S. 199-227

Söffing, A., Bilanzierung und Abschreibung von Transferzahlungen im Lizenzfußball - Zu den Konsequenzen der sog. "Bosman"-Entscheidung des EuGH, in: BB 1996, S. 523-526

Steiner, E./Gross, B., Die Bilanzierung von Spielerwerten im Berufsfußball nach HGB und IFRS, in: StuB 2005, S. 531-536

Ströfer, J., „Berufsfußballspieler" als „Aktivposten" in den Steuerbilanzen der Bundesligavereine?, in: BB 1982, S. 1087-1098

Tiedchen, S. (Vermögensgegenstand, 1991), Der Vermögensgegenstand im Handelsbilanzrecht, Köln 1991

Tolls, G. (Vermögensgegenstand oder Wirtschaftsgut, 1987), Vermögensgegenstand oder Wirtschaftsgut als Rechtsbegriffe im künftigen Handelsrecht unter besonderer Berücksichtigung der Entwürfe zum Bilanzrichtlinien-Gesetz, Augsburg 1987

UEFA (Lizenzierungshandbuch), Lizenzierungshandbuch Version 2.0, http://pt.uefa.com/newsfiles/409445.pdf (30.10.2008)

Veit, K.-R., Die Behandlung immaterieller Vermögensgegenstände bzw. Wirtschaftsgüter in Handels- und Steuerbilanz, in: SteuerStud 1990, S. 170-174

Wehrheim, M., Bilanzierung von Aufhebungszahlungen im Lizenzfußball, in: BB 2004, S. 433-435

Wertenbruch, J., Der Lizenzspieler als Gläubigersicherheit im Konkurs eines Vereins der Fußball-Bundesliga, in: ZIP 1993, S. 1292-1298

Westerfelhaus, H., Zwei-Stufen-Ermittlung zum bilanzierungsfähigen Vermögensgegenstand, in: DB 1995, S. 885-889

Ziegler, F., Die Bilanzierung von Ablösebeträgen im Hochleistungssport (unter besonderer Berücksichtigung des Lizenzfußballs), in: StBP 1980, S. 30-36

Rechtsquellenverzeichnis

I. Verzeichnis der Gerichtsentscheidungen

Datum	Aktenzeichen	Quelle
1. Europäischer Gerichtshof		
15.12.1995	Rs. C-415/93	DB 1996, S. 98
2. Reichsfinanzhof		
27.3.1928	I A 470/27	RStBl. 1928, S. 260
3. Bundesfinanzhof		
28.1.1954	IV 255/53 U	BStBl. 1954 III, S. 109
13.8.1957	I 46/57 U	BStBl. 1957 III, S. 350
15.4.1958	I 27/57 U	BStBl. 1958 III, S. 260
29.10.1969	I 93/64	BStBl. 1970 II, S. 178
26.10.1970	GrS 1/69	BStBl. 1970 II, S. 382
26.2.1975	I R 72/73	BStBl 1976 II, S. 13
23.6.1978	III R 22/76	BStBl. 1978 II, S. 521
7.11.1985	IV R 7/83	BStBl. 1986 II, S. 176
13.5.1987	I B 179/86	BStBl. 1987 II, S. 777
26.10.1987	GrS 2/86	BStBl. 1988 II, S. 348
26.8.1992	I R 24/91	BStBl. 1992 II, S. 977
7.8.2000	GrS 2/99	BStBl. 2000 II, S. 632
4. Bundesarbeitsgericht		
20.11.1996	5 AZR 518/95	DB, S. 2547

II. Verzeichnis der Erlasse, Schreiben und Verfügungen der Finanzverwaltung

FinMin. NRW, Erlass vom 26.7.1974, S 2170 - 50 - V B 1, DB 1974, S. 2085

OFD Frankfurt/Main vom 6.5.2008, S 2170 A - 114 - St 210, EStB 2008, S. 321

III. Verzeichnis der sonstigen Quellen

BR-Drucks. 344/08 vom 23.5.2008, Entwurf eines Gesetzes zur Modernisierung des Bilanzrechts (Bilanzrechtsmodernisierungsgesetz – BilMoG)

BT (16/141), Plenarprotokoll 16/141, http://dip21.bundestag.de/dip21/btp/16/16141.pdf (30.10.2008)

BT-Drucks. 16/10067 vom 30.7.2008, Entwurf eines Gesetzes zur Modernisierung des Bilanzrechts (Bilanzrechtsmodernisierungsgesetz – BilMoG)

BT-Drucks. 16/10762 vom 30.10.2008, Aktualisierung der Bilanzrechtsreform in Deutschland aufgrund der Erfahrungen der aktuellen Lage mit der Finanzmarktkrise

VSG
VDM Verlagsservicegesellschaft mbH

Die VDM Verlagsservicegesellschaft sucht für wissenschaftliche Verlage abgeschlossene und herausragende

Dissertationen, Habilitationen, Diplomarbeiten, Master Theses, Magisterarbeiten usw.

für die kostenlose Publikation als Fachbuch.

Sie verfügen über eine Arbeit, die hohen inhaltlichen und formalen Ansprüchen genügt, und haben Interesse an einer honorarvergüteten Publikation?

Dann senden Sie bitte erste Informationen über sich und Ihre Arbeit per Email an *info@vdm-vsg.de*.

Sie erhalten kurzfristig unser Feedback!

VDM Verlagsservicegesellschaft mbH
Dudweiler Landstr. 99
D - 66123 Saarbrücken
www.vdm-vsg.de

Telefon +49 681 3720 174
Fax +49 681 3720 1749

Die VDM Verlagsservicegesellschaft mbH vertritt

VDM Verlag Dr. Müller | LAP LAMBERT Academic Publishing | SVH Südwestdeutscher Verlag für Hochschulschriften

Printed in Germany
by Amazon Distribution
GmbH, Leipzig